EL FRUTO DEL ESPÍRITU

EL
FRUTO
DEL ESPÍRITU

CONVIÉRTASE EN LA PERSONA
QUE DIOS QUIERE QUE SEA

Thomas E. Trask y Wayde I. Goodall

Vida
EDITORIAL

DEDICADOS A LA EXCELENCIA

© 2001 EDITORIAL VIDA
Miami, Florida 33166

Publicado en inglés bajo el título:
The Fruit of the Spirit
por *Zondervan Publishing House*
© 2000 por *Thomas E. Trask* y *Wayde I. Goodall*

Traducción: *Myriam Cano*

Edición: *Marianella Arias*

Diseño interior: *Sherri L. Hoffman*

Adaptación del diseño interior: *Jannio Monge*

Foto de cubierta: © *Ron Watts / Corbis*

Adaptación del diseño de cubierta: *Gustavo A. Camacho*

ISBN 0-8297-3346-9

Categoría: *Vida cristiana / Crecimiento personal*

Impreso en Estados Unidos de América
Printed in the United States of America

01 02 03 04 05 06 07. ❖ 07 06 05 04 03 02 01

CONTENIDO ✦

Reconocimientos ✦

Cuando un libro llega al fin a las librerías, hay numerosas personas clave involucradas en el proceso. Gente talentosa que trabaja tras bastidores, a la que quiero reconocer y agradecer. Rosalyn Goodall (esposa de Wayde) enseña escritura técnica y profesional y comunicación de negocios en Southern Missouri State University [Universidad Sureña del Estado de Missouri]. Ella leyó, editó y dio sugerencias útiles en cada página antes de someter el manuscrito a la editorial. Sus amplias habilidades e incansables esfuerzos son grandemente agradecidos. Rosalyn es una ayuda tremenda con todos nuestros libros.

Jack Kuhatschek, editor principal de Zondervan, es un constante estímulo, así como un excelente crítico de nuestros escritos. Sus opiniones, habilidades y amistad sinceras son inmensamente agradecidas en los libros que publicamos con Zondervan. Tenemos un gran respeto hacia Jack y agradecemos su profundo talento.

Laura Weller es otra editora esencial de este libro. Es bondadosa, calificada y equilibrada. Tiene muchas habilidades y sabe cómo se debe ver y leer un libro. Laura brindó numerosas ideas y sugerencias a lo largo de la escritura de *El fruto del espíritu*. Su consejo siempre fue acertado.

También queremos agradecer al Dr. Stan Gundry, vicepresidente y editor principal; Joyce Ondersma, gerente de relaciones con los autores; y Sam Hooks, gerente de promociones; por sus esfuerzos a nuestro favor. Creemos que este libro es un esfuerzo conjunto en el que todos se concentraron en hacer un trabajo ejemplar para la gloria de Dios. Estamos eternamente agradecidos a cada uno de los que nos asistió. Además, deseamos sinceramente animar a los cristianos a caminar en el increíble Espíritu de Dios. Solo con él podemos producir su fruto.

PRÓLOGO ✦

Me emociona que mis queridos amigos Thomas E. Trask y Wayde Goodall escribieran este libro sobresaliente acerca del fruto del Espíritu, un énfasis muy necesario en el cuerpo de Cristo hoy. Recomiendo altamente esta obra para estudios individuales y colectivos.

Cuando uno piensa al respecto, nada puede ser más importante para nosotros y el mundo que el fruto del Espíritu Santo. La humanidad herida necesita con desesperación eso que viene de Dios: su amor, su gozo, su paz y todas las demás manifestaciones maravillosas de su Espíritu.

En cuanto al misterio de la Trinidad, el fruto del Espíritu es realmente la vida de nuestro Señor Jesucristo. Es su Espíritu, el que envió el Padre. Al estar su Espíritu entre nosotros y controlarnos, su fruto o personalidad se manifiesta en la medida que nos entregamos a él.

Por muchos años enseñé acerca de la absoluta necesidad de ser lleno y controlado por el Espíritu Santo. Esto es la piedra angular de la enseñanza en todo el movimiento de la Cruzada Estudiantil para Cristo, que hoy cuenta con más de veintiún mil empleados a dedicación exclusiva y casi medio millón de voluntarios entrenados en ciento ochenta y cuatro países. Es solo al llenarnos con el Espíritu Santo y estar bajo su control que este fruto se manifiesta y su voluntad se expresa, como por ejemplo ayudar a cumplir la Gran Comisión, tarea a la que todos los creyentes son llamados. Hablar de Cristo y su mensaje de amor y perdón es resultado de su fruto de amor y compasión fluyendo a través de nosotros.

Hay dos secretos maravillosos que cambiaron mi vida y la de muchos. El primero es: cómo llenarnos con el Espíritu Santo mediante la fe, de acuerdo al mandamiento de Dios (Efesios 5:18) y su promesa (1 Juan 5:14-15). Pedimos, creemos y recibimos. El segundo es:

cómo se muestra el fruto del Espíritu Santo a través de nosotros mediante la fe. Por ejemplo, podemos realmente amar a la gente por fe, basados en el mandamiento y la promesa de Dios. Nuestro Señor quiere amar aun a los que pueden parecer desagradables y que nos disgusten, a través de nosotros, así como él nos ama, aunque por sus normas ninguno de nosotros es agradable. Este fruto del Espíritu, operando a través de millones de creyentes por fe, literalmente podría cambiar al mundo.

Con grandes habilidades dotadas por Dios y muchos años de caminar con el Señor, el Dr. Trask y el Dr. Goodall nos brindan, en forma magistral, este libro maravilloso referente al fruto precioso del Espíritu. Oro que el contenido inspirado de esta obra bendiga ricamente y hasta cambie la vida de todos los lectores y el mundo alrededor de ellos.

¡Cada creyente sincero debe considerar esta lectura una obligación!

Dr. Bill Bright
Fundador Presidente
Cruzada Estudiantil Internacional

Uno ✦

Introducción

PRODUCIR EL FRUTO DE DIOS: CLAVE PARA UNA VIDA PLENA

Cuando mi familia y yo (Wayde) éramos misioneros en Viena, Austria, vivíamos en un pueblo llamado Grinzing que bordea los bosques en las afueras de Viena. Grinzing está rodeado de montañas meticulosamente alineadas con filas de viñas; y a cierto camino a través de estas lo llaman el "Bethoven Path" [Paso Bethoven], porque la tradición dice que era el lugar favorito del compositor para caminar. Parte de su vida Beethoven vivió en un apartamento en Grinzinger Strasse 64, donde escribió su Sexta Sinfonía, "Pastoral".[1] Beethoven quizás estuvo mirando fijamente desde la ventana de su apartamento, a sus serenos alrededores pastorales, cuando se inspiró a escribir esta sinfonía.

Cuando viví en Grinzing, con frecuencia observaba a los granjeros de una viña desde la cumbre de la montaña donde iba a orar. Cada otoño, como resultado de su arduo trabajo durante el resto del año, los viñadores traían la cosecha. Después de esta, podaban las parras casi a nivel del suelo. La primera vez que los vi pensé que las destruirían. Durante los meses de invierno, lo único que podía ver en las montañas eran las filas de estacas sosteniendo alambre. No me imaginaba cómo los granjeros esperaban producir una cosecha provechosa la siguiente temporada. Sin embargo, cada uno cultivaba la tierra y revisaba las líneas de alambre y postes, asegurándose de que estuvieran fuertemente conectados unos a otros. Parecían seguros de que hacían lo correcto y de que el otoño vería una buena cosecha. Pronto, el frío invierno dio paso a la primavera, y a medida que los árboles de Viena comenzaron a retoñar; las viñas empezaron a producir parras que rápidamente crecieron sobre los postes y entre los alambres; hasta que aparecieron pequeñas uvas, las que madurarían para la cosecha del otoño.

En realidad, ¡los granjeros sabían lo que estaban haciendo! Hasta que observé un ciclo completo del crecimiento, no comprendí porque los granjeros hacían aquello. Cada uno podaba las ramas drásticamente y cultivaba la tierra fielmente, aun cuando no había evidencia de que producirían una buena cosecha. Sabían por experiencia que si hacían su trabajo con eficiencia y el clima cooperaba, verían una tremenda cosecha.

Cuando Jesús explicaba a sus discípulos cómo podrían producir el fruto de Dios, usaba la analogía de la viña (véase Juan 15:1-17). Les decía que eran como las ramas de la parra que el Padre celestial, el Jardinero, podaría para que produjeran fruto. También les dijo cómo se vería la fruta y porque algunas ramas tenían que ser destruidas. Cristo Jesús, la Parra, es perfecto. Él desea que produzcamos fruto como el de nuestro Creador, y sabe que esto solo es posible si estamos conectados a él. A medida que crecemos en nuestro caminar cristiano, entendemos más y más porque debemos ser podados.

¿Cómo podemos producir el fruto de Dios?

EL PASTOR Y AUTOR STUART Briscoe cuenta la historia de un amigo que a veces usaba un viejo árbol frutal para escaparse por la ventana de su cuarto del segundo piso, sobre todo cuando su padre estaba por castigarlo. Un día, este anunció que cortaría el viejo árbol porque no había dado fruto en muchos años. Esa noche el joven y sus amigos compraron una buena cantidad de manzanas y bajo la oscuridad las ataron a las ramas infecundas. A la siguiente mañana, el padre le gritó a su esposa: "¡María, no puedo creer lo que veo. El viejo árbol estéril está lleno de manzanas. Es un tremendo milagro ya que este es un árbol de peras!"[2]

Así como cualquier dueño de viña o huerto sabe, las ramas secas o muertas no producen fruto, ya que las ramas no pueden recibir alimento del tallo. Sin embargo, si las ramas están saludables y bien conectadas a aquel, para que el alimento pueda fluir por ellas, producirán fruta tan saludable como el resto del árbol al que están sujetas. Así mismo, produciremos la clase de fruto que agrada a Dios si estamos conectados a su Hijo. Jesús dijo: "Yo soy la vid y ustedes son las ramas" (Juan 15:5). ¡Cuando estemos totalmente dedicados a Dios y determinados a obedecerle, produciremos el fruto de Cristo, porque él es la vid! No podemos evitar producir todo el fruto del Espíritu cuando permanecemos en él. Neil Anderson, en su libro *Daily in Christ* [Cada día en Cristo] explica:

> El alma de la persona espiritual refleja un cambio generado por el nacimiento espiritual. Puede entonces recibir su ímpetu del Espíritu, no solo de la carne. Su mente se renueva y se transforma. Paz y gozo, en lugar de confusión, caracteriza sus emociones. Es nuestra responsabilidad decidir no caminar de acuerdo a lo carnal, y hacerlo de acuerdo al Espíritu. A medida que la persona espiritual ejercita su opción de vivir en el Espíritu, su vida produce el fruto del Espíritu.[3]

Esta verdad se podía ver en la vida del gran jugador de golf profesional Payne Stewart. El mundo deportivo se horrorizó cuando, en un trágico y raro accidente aéreo en 1999, Stewart perdió la vida. Jugadores de golf por doquier hablaban de su ejecución ese año en que el mundo lo vio volver después de un fracaso en 1998 en el Abierto de Estados Unidos [una competencia de golf], ganándolo en 1999; con un tiro de quince pies agujereó el último hoyo. También jugó un papel clave en la victoria de la Copa Ryder.

Los jugadores de golf profesional no solo respetaban la habilidad de Stewart en el campo, sino que estaban aun más asombrados por su cambio de vida. El hombre que antes era intranquilo y al que no le importaba lo que la prensa o el público pensran de él, experimentá un cambio dramático. Ninguno de sus amigos puede indicar el momento exacto de su conversión, pero su pastor, J.B. Collingsworth, de Orlando, dijo: "La gente ha orado por largo tiempo. Le dije: "Contigo es probable que ocurra en un hotel." Con él sucedió poco a poco".[4]

Aunque Stewart decidió entregar su vida a Cristo en privado, el público definitivamente notó el cambio. Su hermana describió el comportamiento de él antes de convertirse: "Se irritaba con la prensa. No le gustaban algunas de sus preguntas y actuaba algo rudo. A veces era grosero en público."[5] Un amigo se refirió al estilo de vida de Stewart, después de su conversión, así: "Creo que llegó a ser más estable; podía enfocar, y luego vencer la adversidad. Cuando ejecutaba un mal tiro, podía asumirlo y jugar golfo con inteligencia."[6] Jim Morris, de sesenta y ocho años, que se convirtió en padre sustituto para Stewart, dijo que estaba orgulloso de lo que Payne llegó a ser antes de morir. Resumió el cambio en la vida de Payne diciendo que el joven convertido en hombre estableció prioridades: primero la fe, segundo la familia y tercero él.[7]

En Springfield, Missouri, la ciudad donde Stewart creció, el periódico local reportó:

La mayoría de los que conocían a Payne Stewart notaron una diferencia el año anterior a su muerte: El jugador de golf, de cuarenta y dos años, que antes menospreciaba a los solicitantes de autógrafos, reprendía a los reporteros y les hacía bromas de mal gusto, aparentemente, había crecido.

Al principio, fue difícil saber de dónde llegó la nueva paz alcanzada por Stewart. Algunos la acreditan a su esposa, Tracey, que lo animó a que asistiera a una clase de relaciones públicas para ayudar a su imagen. Otros dicen que simplemente Payne estaba madurando, dándole más importancia a las cosas de la adultez: su iglesia, familia y vocación.

Pero el brazalete WWJD [siglas en inglés de What Would Jesus Do; en español: QHJ, Qué Haría Jesús] en la muñeca de Stewart se convirtió en la señal para casi todos. Stewart regresó a la fe de la que había aprendido cuando niño, y todo lo demás cayó exactamente en su lugar.[8]

Estoy seguro de que Payne Stewart buscó gozo y paz en muchos lugares. Es probable que le frustrara su falta de control con el público, aunque interiormente quisiera ser bondadoso con la gente. Pero su fortaleza personal no resultó. Cambió cuando decidió darle a Cristo Jesús el total control de su vida. Uno de sus amigos dijo: "Había una calma en él que solo existe en alguien que halla lo que es la vida y el gozo."[9]

La Vid

Jesús dijo en Juan 15:1: "Yo soy la vid verdadera (alethinos)..."
Pudo haber dicho: "Yo soy una vid" o "Yo soy la vid", pero quiso
comunicarles a sus discípulos en forma enfática que él es la única vid
que es legítima. El significado de la palabra original alethinos es "verdad, real, genuino". Jesús es la verdad; y es la única vid a la que las
ramas se pueden conectar para producir el fruto de Dios. Él es el
creador; el Hijo de Dios sin pecado, omnipotente; y el único sendero
al cielo. Él habla con autoridad como nadie más puede.

Andrew Murray dijo:

La conexión entre la vid y una rama es la vida en sí.

Ningún esfuerzo humano puede afectarla; la rama es tal cosa solo
por la labor del Creador, en virtud de lo cual la vida y produc-
ción de la vid se conectan a la rama.

Y así es con los creyentes. La unión de los fieles con el Señor
Jesús no es resultado de la sabiduría o voluntad humanas, sino
un acto de Dios por el cual la unión vital más cercana y completa es efectuada entre el Hijo de Dios y el pecador: "Dios ha
enviado a nuestros corazones el Espíritu de su Hijo" (Gálatas
4:6). El mismo Espíritu que vivió, y aún vive, en el Hijo llega a
ser la vida del creyente; en la unidad de ese Espíritu y cama-
radería de la misma vida que es en Cristo, el creyente es uno con
él. Tal como entre la vid y la rama, la unión de la Vid y el
creyente es un enlace vital que los hace uno.

Sin la Vid la rama no puede hacer nada. A ella le debe su
lugar en la viña, su vida y su fruto.[10]

Como seguidor de Cristo Jesús, usted está conectado a la Vid. El
alimento del Espíritu fluye en usted a través de sus raíces, permitién-
dole actuar como Cristo y mostrar "el fruto del Espíritu". Usted es
diferente de como era antes de que le diera su vida a Cristo. Antes, no
habría podido modelar la clase de amor, paz, autocontrol o bondad
que da el fruto del Espíritu. Pero cuando diariamente se aferra y
depende de la Vid, cultiva el fruto de Dios, porque esto es una habilidad sobrenatural que solo los creyentes en él pueden disfrutar. Hay
personas cariñosas que aun cuando no son cristianas muestran

tremendos actos de bondad. Sin embargo, si hubieran estado vinculados a la Vid, piense cuánto más podrían ser y hacer.

El labrador

Jesús dijo: "Mi Padre es el labrador. Toda rama que en mí no da fruto, la corta; pero toda rama que da fruto la poda para que dé más fruto todavía" (Juan 15:1-2).

El labrador pone semillas en la tierra y la cultiva con cuidado. A medida que la planta comienza a echar ramas, el labrador las poda para que produzca más fruto. Podar fortalece la planta al quitarle las ramas no productivas, y casi todos los frutales tienen que ser podados por lo menos una vez al año para producir una buena cosecha. El granjero sabe que algunas ramas nunca producirán fruto, por lo tanto las corta por completo.

Algunos cristianos viven temerosos de que Dios los cortará porque continúan luchando con actitudes erráneas, o parecen ser tentados con frecuencia a hacer cosas que saben son pecaminosas. La clave para ellos es no abandonar la fe, sino mantenerse y saber que Dios les ayudará a vencer. Jesús dijo que la voluntad de su Padre es "que yo no pierda nada de lo que él me ha dado, sino que lo resucite en el día final" (Juan 6:39). Aunque sienta que Dios lo ha estado podando a usted y hasta lo haya cortado, debe saber que esa es su voluntad para que no se pierda nada. La disciplina puede ser difícil y dolorosa, pero cuando nos entrenan con ella agradecemos las lecciones que aprendemos.

Las ramas que no dan fruto se cortan. Jesús dijo que conoceríamos a sus discípulos por el fruto que dieran (véase Mateo 7:15-23). Algunas personas se llaman discípulos aunque no producen fruto que lo indique. Son ramas ilegítimas; profesan ser cristianos, pero tienen palabras sin acciones, ramas con hojas pero sin fruto. Son apóstatas que oyeron el evangelio y lo creyeron pero decidieron no seguir las enseñanzas de Cristo Jesús. De esta forma se volvieron traidores al Señor. Como humanos, algunas veces tenemos dificultad determinando exactamente quién es un verdadero discípulo, pero

Dios siempre conoce a los que le pertenecen. Las ramas sin fruto van camino a la destrucción.

No somos destruidos cuando nos podan, porque nuestro Padre celestial lo hace de acuerdo a su gran sabiduría y amor. Si no nos podara, no creceríamos. En la medida que maduramos en Cristo deberíamos, al menos, desear que nos podara y arreglara, ya que él ve cosas en nuestras vidas que no percibimos. Él conoce nuestros corazones, aun cuando nosotros no lo conocemos. Él tiene completa comprensión, sabe en qué dirección vamos y puede, motivado por su amor, crear barreras en nuestras vidas. Él sabe qué es lo mejor para nosotros y nunca intenta traer daño; al contrario, nos ayudará a ser más como su Hijo.

Dios típicamente poda a sus hijos por convicción del Espíritu Santo; cuando pensamos pecar, él convence o redarguye nuestros sentimientos, pensamientos o comportamiento. Esa convicción nos hace sentir culpables y nos motiva a dejar lo que hacemos que desagrada a Dios. Todos luchamos con el pecado en nuestras vidas, por lo que también experimentamos convicción. El Espíritu Santo es nuestro amigo verdadero, quien nos avisa para huir de la tentación y nos enseña lo que debemos hacer para evitar una vida profana. Qué bendición tan maravillosa es saber que Dios nos cuida en caso de que nuestros motivos sean errados o nuestros planes potencialmente dañinos para nosotros mismos. Necesitamos escuchar su amoroso convencimiento.

Ravi Zacharias escribió en su libro *Deliver Us from Evil* [Líbranos del Mal]:

> Es imperativo que el cristiano aprenda a diferenciar en su propia creencia entre opinión y convicción. Una opinión es solo una preferencia en una serie de opciones. Una persona puede que prefiera un color a otro o un estilo en particular. La convicción, por otro lado, se arraiga en la conciencia y no se puede cambiar sin alterar eso que esencialmente define a la persona. En una cultura pluralista, no se le debería dar la misma pasión a una opinión, como al peso de la convicción. Y cada convicción

sostenida debe de hacerse de acuerdo con la clara y requerida enseñanza de las Escrituras. Una vez que estas diferencias se establecen en la mente cristiana, una lógica consecuencia muy importante continúa: Cada convicción que se mantiene debe ceñirse por amor.[11]

Otra manera en que Dios poda a sus hijos en una forma típica es mediante la disciplina. El escritor de Hebreos nos dice: "Lo que soportan es para su disciplina, pues Dios los está tratando como a hijos. ¿Qué hijo hay a quien el Padre no disciplina? Si a ustedes se les deja sin la disciplina que todos reciben, entonces son bastardos y no hijos legítimos ... Dios lo hace para nuestro bien, a fin de que participemos de su santidad" (12:7-8, 10).

En los años mil novecientos noventas, muchos dueños de granjas pequeñas en Estados Unidos comenzaron a reducir sus labores agrarias a una simple ocupación extra y empezaron a usar sus propiedades para otros propósitos: entretenimiento agrario, también conocido como agroentretenimiento y agroturismo. Esos agricultores atraen clientes a sus propiedades con bandas de música campesina folclórica, fardos de heno o laberintos en los campos de maíz, corrales en los que permiten acariciar a los animales, y caminos para triciclos motorizados. Las familias citadinas, ansiosas por experimentar la vida campesina, pagan para entrar, comer y entretenerse.

A veces el cristiano o la iglesia desvían el propósito principal de producir fruto y se asimilan a esa clase de agricultor. Sin embargo, producir fruto es la voluntad de Dios para cada cristiano e iglesia. Cuando somos infructuosos, podemos estar seguros de que nos apartamos de nuestro propósito y que Dios nos traerá convicción y disciplina.

Dios nos quiere y nos va a disciplinar para que podamos participar de su santidad, rectitud y paz. Puede que algunos recordemos el dicho: "Tengo que llevarlo a la leñera." Ese era el lugar donde se imponía la disciplina, donde mamá o papá llevaban a cabo la difícil tarea de ayudar al niño o niña a comprender, que su comportamiento no era aceptable. En la pared de la leñera colgaba una faja con la inscripción: "Te necesito a toda hora." Así mismo, si hemos de convertirnos en personas mejores, necesitamos la disciplina amorosa de Dios. Ya que eso (ser podados) nos hace más santos y ayuda a producir más fruto, debiéramos desear su disciplina.

Las ramas

Jesús nos dice: "Yo soy la vid y ustedes son las ramas. El que permanece en mí, como yo en él, dará mucho fruto; separados de mí no pueden ustedes hacer nada" (15:5).

La palabra permanecer se emplea diez veces en los primeros diez versículos de Juan 15. Como cristianos somos ramas, y para producir fruto debemos "permanecer" en la Vid. William Barclay afirma:

> Supóngase que una persona es débil. Cayó en la tentación; confundió las cosas; va camino a degenerar su mente, corazón y hasta sus fibras. Ahora imagine que tiene un amigo cuya naturaleza es fuerte y amable, y con un carácter cariñoso, que lo rescata de su situación degradada. Hay solo una manera en que puede aprovechar su reformación y mantenerse en el sendero correcto. Debe mantener contacto con su amistad. Si pierde ese contacto, lo más probable es que sus debilidades lo venzan; las tentaciones viejas lo ronden de nuevo; y caiga. Su salvación depende del contacto constante con la fuerza de su amigo.[12]

Algunos sabemos que necesitamos relacionarnos con cierta gente sana puesto que nos alientan y nos dan fuerza. Sabemos que mientras estén cerca, estamos seguros. He observado personas que tienen un pasado devastador, incluidas vidas abusadas y adictas a las drogas, al alcohol o al juego. Cuando deciden confiar en Dios y crecer en la fe, se sienten seguros. Algunos deciden, durante su peregrinaje, regresar a sus viejos hábitos. Empiezan a perder los servicios de la iglesia; a esquivar a algunos de sus amigos cristianos maduros; a frecuentar a sus antiguos compañeros; y a razonar que son lo bastante fuertes para hacer bien lo que practicaban cuando sus vidas eran un laberinto. Se deslizan con agudeza al oscuro abismo de la destrucción. No permanecen en la victoria que el Señor les dio y el enemigo de sus almas está listo para arrebatarlos de nuevo.

Debemos sentir ansias por aferrarnos a la Vid, nuestra fuente de vida. Nuestras vidas deben mostrar siempre el deseo de sostenernos en Jesús, aferrarnos a él.

Podemos estar seguros de que si nos mantenemos en el Señor, él producirá por medio nuestro fruto que haga que la gente lo recuerde a él.

La *Leadership Bible* [Biblia de Liderazgo] ofrece excelentes ideas acerca de esta verdad.

Jesús casi siempre usaba la naturaleza para ilustrar verdades espirituales, y la metáfora orgánica de este pasaje habla de la vida reproductiva. La vid, las ramas y el fruto constituyen un sistema biológico integrado en el cual el último deriva del alimento de la tierra. Así como la rama debe recibir su vida de la vid, los creyentes deben depender de, y mirar hacia, la vida de Cristo dentro de ellos a fin de encontrar su vitalidad espiritual. Y así como el fruto alimenta a otros y retiene en sí la semilla de su propia reproducción, la manifestación exteriorizada de la vida de Cristo en nosotros alimenta y reproduce su existencia en otros. Si cualquier parte del sistema opera mal, el producto del fruto fallará al aparecer.[13]

El secreto de la vida fructífera de Jesús radicaba en su relación con el Padre. Lucas nos informa que "Él, por su parte, solía retirarse a lugares solitarios para orar" (5:16). Nosotros también debemos mantener contacto con —o sea, permanecer en—, Jesús orando, leyendo nuestras Biblias y obedeciendo lo que leemos. Permanecer en Cristo es la clave de la supervivencia. Por lo tanto, cada día debemos hacer un esfuerzo deliberado por hallar maneras de relacionarnos con él, depender de él y obedecer lo que nos indique. En verdad queremos la dirección y consejo de Dios, así como la verdadera sabiduría que proviene de él.

Dios también nos ofrece nuestro alimento espiritual. A veces nuestra vida devocional diaria nos hace sentirnos increíblemente cerca de Dios, pero muchas otras es tan rutinario como ingerir una comida. Sentimos "poco" o nada espiritual, además de estar buscando una relación con Cristo. Sin embargo, cuando nos comunicamos con la "Verdad" y hemos estado en su presencia, el deseo de tocar cualquier cosa maligna se reduce.

El fruto

Jesús nos dice que el "Padre es glorificado cuando ustedes dan mucho fruto y muestran así que son mis discípulos" (Juan 15:8). Billy Graham comenta respecto a la diferencia entre "frutas" y "fruto": "Es interesante que la Biblia hable del fruto del Espíritu en lugar de frutas. Un árbol puede producir muchas manzanas, pero todas vienen del mismo árbol. En la misma forma, el Espíritu Santo es la fuente de todo fruto en nuestras vidas".[14] A medida que nuestra vida se enriquece con Cristo mostramos muchos atributos como los de Cristo y damos gloria a Dios. En el comentario de Martín Lutero acerca de Gálatas, él dijo que los que siguen al Señor "traen con ellos fruto muy excelente y máximo provecho, ya que aquellos que lo tienen le dan gloria a Dios, y con lo mismo atraen y estimulan a otros a abrazar la doctrina y fe de Cristo".[15]

Cuando las personas experimentan nuestro fruto al vernos actuar en formas diferentes de las que el mundo actúa, quieren saber más respecto a Dios, que nos capacita para ser de esa manera. En su libro *The Fruit of the Spirit* [El Fruto del Espíritu], Manford George Gutzke compara el fruto del Espíritu con los rayos de la luz: "Todos los colores del arco iris están en cada rayo de luz del sol y en cualquier momento. Puede que no siempre se vean, pero todos están allí. No hay que pensar en ellos como si fueran muchos colores diferentes. Así como están presente en la luz, así están estos rasgos de la conducta personal en el Espíritu Santo".[16] Todo el fruto está disponible cuando necesitamos esa clase en particular, ya sea paciencia con un jefe o un niño, o bondad hacia alguien incapza de compensar un favor. Dios es glorificado cuando les mostramos a otros que somos discípulos de Jesús por medio del fruto que enseñamos.

El fruto que los discípulos de Jesús enseñan es diferente al de aquellos que solo aparentan estar conectados a la Vid. Pese a verse legítimos, sus acciones prueban que no lo son. Juan nos dice que "El que obedece sus mandamientos permanece en Dios, y Dios en él. ¿Cómo sabemos que él permanece en nosotros? Por el Espíritu que nos dio" (1 Juan 3:24). De nuevo Juan nos instruye en la misma carta: "En cambio, el amor de Dios se manifiesta plenamente en la vida del que obedece su palabra. De este modo sabemos que estamos unidos a él" (2:5). Nuestra obediencia a los mandamientos de Cristo prueba que permanecemos en él. Si desobedecemos a él y su Palabra, no llevaremos su fruto, ya que eso sería decidir *desconectarnos* y no *permanecer*. Esto da que pensar. Si decidimos no vivir una vida en Cristo que lo glorifique o vivir en desobediencia, podemos anticipar el juicio de Dios. Jesús dijo que tal persona es "como las ramas que se recogen, se arrojan al fuego y se queman" (Juan 15:6).

El misionero Juan Hess Yoder nos brinda una comparación de una cultura que muestra la diferencia entre los que dan el fruto de Cristo y los que deciden desobedecer las maneras de Dios.

> Mientras servía como misionero en Laos, descubrí una ilustración del reino de Dios.
>
> Antes que los colonialistas impusieran las fronteras nacionales, los reyes de Laos y Vietnam llegaron a un acuerdo tributario fronterizo. Los que comían granos de arroz corto, fabricaban sus casas sobre pilares y las decoraban con serpientes estilo indio, eran considerados como laosianos. Por otro lado, los que comían granos de arroz largo, fabricaban sus casas sobre la tierra y las decoraban con dragones estilo chino, eran considerados vietnamitas.
>
> La ubicación exacta del hogar de la persona no era lo que determinaba su nacionalidad. Al contrario, cada persona pertenecía al reino del que él o ella mostraba valores culturales.[17]

Así mismo viven los cristianos en el mundo, pero muestran sus valores cual ciudadanos del reino de Dios.

Peter H. Davids, en su comentario sobre 1 Pedro, define al mundo como la "cultura humana en su independencia de, y hostilidad hacia, Dios".18 En vez de actuar como los que pertenecen a este mundo, mostremos el fruto del Espíritu de Dios cooperando con él mediante nuestra dependencia de él.

¿Cómo se ve el fruto de Dios?

Fruto personal

Este fruto consiste de personas a las que les presentamos a Dios o influenciamos en una manera positiva para él. El apóstol Pablo escribió a los cristianos romanos que "Aunque hasta ahora no he podido visitarlos, muchas veces me he propuesto hacerlo, para recoger algún fruto entre ustedes, tal como lo he recogido entre las otras naciones". Cuando caminamos con Cristo, nuestras vidas hacen que otros se pregunten qué es lo que tenemos. Muchos serán atraídos a Jesús por el impacto positivo que él tiene en nuestra vida, y van a querer lo que nosotros tenemos.

Dar fruto

El tiempo, energía y dinero que damos a la causa de Cristo son frutos que ayudan a difundir el evangelio y a servir a las personas necesitadas. Pablo informó a los creyentes romanos que las iglesias en Macedonia y Acaya hicieron "una colecta para los hermanos pobres de Jerusalén ... Porque si los gentiles han participado de las bendiciones espirituales de los judíos, están en deuda con ellos para servirles con las bendiciones materiales" (Romanos 15:26-27). Y agregó que era seguro que ellos recibirían "en sus manos este fruto" (v. 28)

Fruto del evangelio

Cuando los creyentes prediquen el evangelio de Cristo, llevarán fruto. Pablo les dijo a los Colosenses: "Este evangelio está dando fruto y creciendo en todo el mundo" (1:6).

El fruto de alabanza

Alabar a Dios y decirles a otros que Cristo es el Señor, es fruto que lo honra. El autor de Hebreos enseñó a sus lectores: "Así que ofrezcamos continuamente a Dios, por medio de Jesucristo Jesús, un sacrificio de alabanza, es decir, el fruto de los labios que confiesan su nombre" (13:15).

El fruto del Espíritu

"En cambio, el fruto del Espíritu es amor, alegría, paz, paciencia, amabilidad, bondad, fidelidad, humildad y dominio propio" (Galatas 5:22-23). Este libro trata acerca de producir el fruto del Espíritu, fruto que llega de Dios mismo. No podemos producirlo por nuestra cuenta; sin embargo, si nos mantenemos con Jesús, definitivamente comenzaremos a producir una cosecha de acciones y actitudes que muestren que en verdad estamos conectados a la Vid verdadera. Al ver los nueve elementos del fruto del Espíritu Santo, nos gustaría que considere varias preguntas.

- Cuando sabe que es lo mejor para otros, ¿se lo comunica con compasión y amor? La verdad se comunica en una actitud de amor. (Efesios 4:15).
- ¿Ama a los demás con acciones y verdades? La verdad se manifiesta en la forma en que actuamos con otros (1 Juan 3:18).
- ¿Es usted libre de hábitos, pensamientos y sentimientos pecaminosos? La verdad libra a las personas del pecado y la esclavitud (Juan 8:32).
- ¿Está determinado a obedecer al Espíritu Santo cada día y a buscar su orientación? El Espíritu Santo guía a los creyentes a la verdad (Juan 16:13).
- ¿Ama usted (o al menos desea) la verdad? La verdad es algo que debe amar (2 Tesalonicenses 2:10).
- ¿Está consagrado a ser obediente aun cuando entienda lo que Dios quiere que haga? La verdad es algo que debe obedecer al descubrirla (Gálatas 5:7).
- ¿Vive usted en la verdad? La verdad hay que mostrarla (vivirla) en nuestras vidas (2 Corintios 4:2). Cuando vivimos en la verdad, es obvio que somos diferentes al mundo. Las personas ven que hay algo más que disciplina personal, trabajo arduo o autocontrol en nuestras vidas. Dios nos ayuda a vivir en la forma en que lo hacemos (Juan 3:21).

Es posible que sienta que no puede seguir al Señor de todo corazón. El fruto del Espíritu de Dios es algo que aun cuando puede mostrarlo en ocasiones excepcionales, sin embargo, es imposible adoptarlo como estilo de vida. ¡Tiene razón! Usted no puede mostrar ese fruto a menos que entregue su vida a Cristo Jesús por completo. Con su autodisciplina, podrá ejecutar actos casuales de amor y bondad o tener algún sentimiento de paz o paciencia; sin embargo, serán incongruentes porque no brotan de la fuente coherente del poder del Espíritu Santo dentro de usted. Y cuando en realidad lo ponga a prueba, quizás en un tiempo difícil, no podrá reunir esas virtudes por su propio medio. Por eso es que debe estar conectado al que da todos los ingredientes necesarios para que usted manifieste su fruto. Billy Graham expresó: "La Biblia dice que necesitamos el Espíritu para llevar fruto en nuestras vidas porque no podemos producir divinidad apartados del Espíritu. Estamos llenos de toda clase de egocentrismos y deseos egoístas opuestos a la voluntad de Dios para nuestras vidas. En otras palabras, dos cosas tienen que suceder en nosotros. Primero, hay que sacar el pecado de nuestra vida. Segundo, el Espíritu Santo tiene que entrar y llenarla, produciendo el fruto del Espíritu."[19]

Por años, Agustín fue un pecador sin esperanza, desgarrado entre voluntades conflictivas y decaído por hábitos destructivos. Vivió apartado de los principios divinos y por eso se sentía miserable. Él escribió:

> Exploré las profundidades ocultas de mi alma y exprimí sus lastimosos secretos de ella, y cuando los reuní todos ante los ojos de mi corazón, una gran tormenta se desató dentro de mí. Como pude me dejé caer bajo un árbol de higo y di rienda suelta a las lágrimas que brotaban de mis ojos. Sentí que todavía estaba cautivo de mis pecados, y seguí llorando en suplicio. "¿Cuánto tiempo más seguiré diciendo: Mañana, mañana? ¿Por qué no ahora? ¿Por qué no poner fin a mis feos pecados en este momento?"
>
> Me planteaba estas preguntas llorando todo el tiempo con un dolor muy amargo en mi corazón, cuando de pronto escuché el cantar de un niño en una casa cercana. Si era la voz de un niño o niña no puedo decirlo, pero una y otra vez repetía el dicho: "Tómalo y léelo, tómalo y léelo". Miré hacia arriba, tratando de recordar si había algún juego en el que los niños cantaran palabras como estas, pero no recordaba haberlas oído antes.

Contuve mis lágrimas y me paré diciéndome que eso solo podía ser una orden divina para que abriera el libro de las Escrituras y leyera el primer pasaje en el que mis ojos se posaran. Así que rápidamente regresé al lugar donde puse el libro que contenía las Epístolas de Pablo. Lo encontré y lo abrí, y en silencio leí el primer pasaje en el que mis ojos se posaron: "Vivamos decentemente, como a la luz del día, no en orgías y borracheras, ni en inmoralidad sexual y libertinaje, ni en disensiones y envidias. Más bien, revístanse ustedes del Señor Jesucristo, y no se preocupen por satisfacer los deseos de la naturaleza pecaminosa" (Romanos 13:13-14).

No tenía deseos de leer más ni necesidad de hacerlo. Porque en un instante, al llegar al final de la oración, fue como si una luz de seguridad inundara mi corazón y toda la oscuridad de duda expulsada. Marqué el lugar con mi dedo y cerré el libro. Usted me convirtió, de tal manera que ya no puse ninguna esperanza en este mundo, sino que me paré firme bajo la regla de fe.[20]

Agustín descubrió cómo conectarse a la Vid, y resolvió permanecer allí de por vida. Su existencia cambió. Comenzó a mostrar el fruto divino, y como resultado, el mundo se benefició mucho y Dios es glorificado. Usted también puede mostrar el fruto de Dios. Su amor, alegría, paz, paciencia, amabilidad, bondad, fidelidad, humildad y dominio propio pueden ser parte de su vida.

Dos ✦

Amor
Cómo crear relaciones saludables

Mientras daba consejería prematrimonial en nuestra iglesia, le pregunté a una joven y optimista pareja:

—¿Qué votos quieren decirse en la ceremonia?

Como pastor, les permitía a las parejas que escribieran sus propios votos si eran de compromiso y honraban las normas de Dios en el matrimonio.

—Solo adaptamos los votos tradicionales del matrimonio para hacerlos más modernos —dijeron—. Permítanos leerlos.

Sus votos parecían estar bien hasta la línea final de los compromisos. —En riqueza o pobreza; en enfermedad y en salud; hasta que ya no nos amemos.

—Esperen —les dije—. ¿Qué quieren decir con: "Hasta que ya no nos amemos"?

—Bueno —respondieron—, a veces las parejas dejan de amarse, y no debe requerírseles que se mantengan casados e infelices por el resto de sus vidas. Todos tienen derecho a ser felices.

Al principio me sorprendió, pero luego lo pensé y me percaté de que la sociedad sutilmente los afectó: la falta de compromiso se había convertido en parte de su pensamiento, aun en lo que tal vez sería la segunda y más crítica decisión de sus vidas (la primera sería su compromiso con Cristo). Era obvio que debía continuar la consejería prematrimonial para explicarles el plan de Dios respecto al compromiso amoroso de toda la vida.

En *Letters to an Unborn Child* [Cartas a un niño antes de nacer], David Ireland le escribió a la criatura en el vientre de su esposa, en parte porque sabía que quizás nunca lo vería. Mientras se desarrollaba

el embarazo de su esposa, David moría de una enfermedad neuroló-
gica que lo paralizaba. En una de sus cartas, escribió:

> Tu madre es muy especial. Pocos hombres, excepto yo, saben lo
> que es apreciar a sus esposas sacándolas a cenar como
> reconocimiento a lo que ella hace por uno. Esto es que tiene que
> vestirme, afeitarme, peinarme, empujar mi silla de ruedas fuera
> de la casa y bajar las gradas, abrir el garaje y subirme al auto,
> quitar los pedales de la silla, pararme, sentarme en el asiento,
> voltearme para que esté cómodo, cerrar la silla de ruedas, po-
> nerla en el interior, ir al otro lado del auto, encenderlo, retro-
> cederlo, bajarse, cerrar la puerta del garaje, montarse de nuevo
> en el auto, y manejar hacia el restaurante.
>
> Y otra vez comenzar todo de nuevo: sale del auto, abre la
> silla de ruedas, abre la puerta, me voltea, me para, me sienta en
> la silla, empuja los pedales hacia afuera, cierra con llave las puer-
> tas del carro, luego le quita los pedales a la silla para que no esté
> incómodo. Nos sentamos a cenar, y me da de comer durante
> toda la cena. Al final, ella paga la cuenta, empuja la silla de
> ruedas hacia el carro de nuevo, y repite la misma rutina.
>
> Y cuando ya todo pasa, y está terminado, con sincero afec-
> to me dice: "Cariño, gracias por llevarme a cenar". Nunca sé
> exactamente qué contestar.[1]

Qué gran ejemplo de generosa valentía y abnegado amor nos da
Joyce, la esposa de David. Ella entiende el amor con claridad y lo vive.

La Biblia dice que "Dios es amor" (1 Juan 4:16). Por eso no sorprende que el primer aspecto del fruto del Espíritu que se menciona
sea el amor. Para los humanos, quizás, no hay poder más grande en el
mundo que "actuar" en el amor de Dios. Billy Graham afirma: "En
efecto, podemos decir que el amor por otros es el primer signo de que
nacimos de nuevo y de que el Espíritu Santo opera en nuestras
vidas".[2]

En Cristo estamos conectados al amor más grande, la fuente
absoluta de puro e inalterable amor. Si andamos en amistad con él,
no podremos evitar que nos recuerde cómo amar a las personas con
nuestras palabras, hechos y acciones. En efecto, sin Cristo es imposible amar a las personas de esta manera. Al amor como el de Cristo se

le conoce como agape. Un amor generoso y sacrificado cuya fuente es el propio amor de Cristo (véase 1 Corintios 13:13). Juan, en su primera carta, dijo: "En esto conocemos lo que es el amor: en que Jesucristo entregó su vida por nosotros. Así también nosotros debemos entregar la vida por nuestros hermanos" (3:16).

Debemos luchar para practicar continuamente el amor ágape. Cuando permanecemos en la vid, nos percatamos de que debemos amar a las personas con el amor de Dios. Además, tomamos conciencia de las maneras en que podemos amar a las personas. Al final, sin embargo, necesitaremos decidir hacer actos de amor, ya que no somos máquinas a las que les dan la orden de amar a las personas. Somos individuos con libre albedrío que constantemente tomamos decisiones para hacer lo correcto. La parte del autocontrol (disciplina) del fruto del Espíritu trabaja a medida que decidimos responderles a otros con el amor ágape de Dios.

El cristianismo es cosa de relaciones

JESÚS DIJO: "ASÍ COMO EL Padre me ha amado a mí, también yo los he amado a ustedes. Permanezcan en mi amor. Si obedecen mis mandamientos, permanecerán en mi amor, así como yo he obedecido los mandamientos de mi Padre y permanezco en su amor ... Y éste es mi mandamiento: que se amen los unos a los otros, como yo los he amado" (Juan 15:9-10, 12). Nuestra relación con Dios, con otros cristianos y con nuestros "vecinos" es donde se vive la realidad de nuestra cristiandad. Dado que tenemos una relación personal con Dios, nuestra sensibilidad hacia las necesidades de las personas crece y como resultado las vemos con los ojos del amor divino. Su amor nos persuade a arriesgarnos por el bien de otros.

David Wilkerson es fundador de Teen Challenge [Reto Juvenil] y pastor de la Iglesia de Times Square en la ciudad de Nueva York. Durante décadas creó novedosos programas para alcanzar a personas a las que muchos desecharon. Hace poco escribió:

> Hace treinta y cinco años, Dios puso en mi corazón que empezara un hogar para jóvenes en Amityville, Nueva York, en

Long Island. Sinceramente sentí que el Señor estaba tras ese asunto. No obstante, justo un año y medio más tarde, las autoridades estatales impusieron regulaciones muy rigurosas al proyecto. Los oficiales dijeron que debíamos tener un sicólogo permanente en nuestro personal, así como un sacerdote o rabino si acogíamos jóvenes católicos o judíos. No podíamos operar bajo esas restricciones, por lo que cerramos nuestras puertas.

Solo aceptamos a cuatro jóvenes durante el corto tiempo que abrimos, y después que cerramos, perdí el contacto con ellos. Siempre he pensado que aventurar es uno de los fracasos más grandes. Por más de tres décadas me pregunté por qué Dios nos permitió avanzar con esto. Sin embargo, la semana pasada recibí una carta de un hombre llamado Clifford, que relató la historia siguiente:

Hermano David:

Yo fui uno de los cuatro jóvenes enviados a su casa en Amityville, hace treinta y cinco años, por la Nassau County Children's Agency [Agencia de Niños del Condado Nassau].

Mi padre y mi madre eran judíos, pero se separaron y ella se casó de nuevo. Yo era tan rebelde que me inscribió en una escuela católica. Me bautizaron en la Iglesia Católica cuando tenía once años de edad.

Después de eso nuestro hogar se convirtió en un desastre. Yo tenía que limpiar toda la casa, cocinar, cuidar a mi hermano menor y a mi mamá mientras trabajaba repartiendo periódicos en la madrugada. Una vez tuve que entrar forzosamente en el dormitorio de mi madre, donde la encontré en el suelo con espuma en la boca. Muchos frascos de pastillas vacíos la rodeaban.

Yo asistía a una enorme catedral católica, me confesaba, hacía una genuflexión, rezaba el rosario, pero solo temía a Dios. Estaba convencido de que a él yo no le importaba.

Ni yo ni mi madre sabíamos que la trabajadora social llegaría para asignarme a su hogar para jóvenes. Pero estaba desesperado por escapar al abuso de mi padrastro, la pobreza y los intentos de suicidio de mi madre. Por lo tanto, acepté y terminé en su hogar.

Los padres de su casa eran muy cariñosos y bondadosos. Nos enseñaban estudios de la Biblia y nos llevaban a la iglesia. Un día nos llevaron a una muy pequeña que estaba celebrando un servicio de renovación bajo una carpa. Yo estaba muy amargado y desalentado. Fue allí, bajo la carpa, que el Espíritu Santo comenzó a tocar mi corazón. Una noche no pude soportar más. Todos los años de dolor, confusión y desesperanza brotaron a la superficie. Me estaba ahogando.

Entonces escuche al predicador decir: "Jesús te ama". Así que me arrodillé y oré: "Dios, no estoy muy seguro de que eres real o de que me escuchas. Pero si lo eres, por favor perdóname y ayúdame. Necesito que alguien me ame, porque me siento amargado, rechazado y confundido."

De pronto sentí como que alguien vertía melaza tibia sobre mi cabeza y descendía sobre mi cuerpo. Toda la amargura se derritió. Dios obtuvo mi corazón de ese día en adelante.

Hermano David, eso fue hace treinta y cinco años. Ahora Dios me llamó a predicar y me está llevando al ministerio a tiempo completo. Lo encontré a usted mientras navegaba en Internet. Esta gratitud a usted reposa dentro de mí hace treinta y cinco años. Solo quería decirle: Gracias por importarle. Sé lo que es el amor de Dios.[3]

¿Qué habría pasado si David no empezaba ese hogar para jóvenes? Es posible que este joven judío nunca conociera el amor de Dios. Nada de lo que hacemos por Cristo es en vano. Ese hogar para jóvenes no fue un fracaso. Aunque el costo fue inmenso, valió la pena; porque un joven descubrió el significado del amor de Dios.

Tres errores acerca del amor

1. El amor se desarrolla automáticamente sin premeditación

Abundantes versículos de la Biblia nos instruyen a amar a las personas. Las Escrituras nunca presumen que sabemos amar; más bien, repetidas veces nos insta a ello y explica por qué debemos de amar. A Juan le preocupaba que los cristianos nos amáramos unos a otros y que amáramos a los que no conocen a Cristo. Entre sus muchos versículos respecto al amor, escribe:

"Así distinguimos entre los hijos de Dios y los hijos del diablo: el que no practica la justicia no es hijo de Dios; ni tampoco lo es el que no ama a su hermano" (1 Juan 3:10).

"Que nos amemos los unos a los otros" (1 Juan 3:11).

"No amemos de palabra ni de labios para afuera, sino con hechos y de verdad" (1 Juan 3:18).

"Y éste es su mandamiento: que creamos en el nombre de su Hijo Jesucristo, y que nos amemos los unos a los otros, pues así lo ha dispuesto" (1 Juan 3:23).

"Queridos hermanos, amémonos los unos a los otros, porque el amor viene de Dios" (1 Juan 4:7).

"Nadie ha visto jamás a Dios, pero si nos amamos los unos a los otros, Dios permanece entre nosotros, y entre nosotros su amor se ha manifestado plenamente" (1 Juan 4:12).

"El que permanece en amor, permanece en Dios" (1 Juan 4:16).

"Nosotros amamos a Dios porque él nos amó primero" (1 Juan 4:19).

"Les ruego que nos amemos los unos a los otros" (2 Juan 5).

Joseph Stowell, presidente del Instituto Bíblico Moody, escribió respecto a una experiencia que tuvo con el presentador de noticias Dan Rather:

Dan Rather estuvo en nuestra universidad un par de años atrás para ser entrevistado en nuestro programa de radio Open Line [Línea abierta]. Él no es uno de mis personajes favoritos. Lo vi como parte del ala liberal de los medios de comunicación, con su filosofía secular, pluralista, relativista y anticristiana. Me pareció algo frío y un poco arrogante. Y estaba ahí en medio nuestro.

Durante un descanso, él y yo departimos un rato y me sorprendió, porque era un tipo afectuoso. Parecía interesarle todo lo que le decía, y que yo mismo le importaba.

Así que dijo: "Crecí en un hogar bautista. En la casa de mi abuela lo único que había para leer era la Biblia y el catálogo de la tienda Sears." Continuó: "Ella me leía la Biblia todos los días."

Rather regresó a la entrevista y al cierre, mientras las cintas grabadoras corrían, listas para presentarlas a la nación, uno de los entrevistadores le dijo: "Señor Rather, perdone que me adelante a los acontecimientos pero, si muriera hoy y se presentara ante Dios en el cielo y él le dijera: "¿Por qué debo dejarte entrar al cielo?" ¿Qué diría usted?"

Rather esperó un momento y respondió: "Bueno, tendría que decir que por cualquier cosa que haya hecho. Diría que en general, por la gracia de Dios."

Todo ello para decir esto: No tengo idea de su condición espiritual. Esto no es una declaración acerca de su espiritualidad; es una declaración de la vergüenza que llevo en mi corazón. Vergüenza porque no se me cruzó por mi mente ni una vez orar por Dan Rather para que Dios con su compasión abrazara su alma, lo librara del infierno y le garantizara el cielo, llenándolo con vida abundante. Siento decirles que nunca se me ocurrió eso. Estaba muy enojado con todo esto para pensar en su necesidad de un Salvador. Rehusé ser su instrumento en una acción compasiva entre Dios y alguien que posiblemente lo necesitaba.[4]

En un mundo lleno de ira, odio, envidia, celos y venganza, a veces tendemos a hacer lo mismo. Sin embargo, debemos decidirnos cada día a ser conocidos por la manera en que amamos.

Es también importante comprender que estamos en un proceso. A medida que crecemos en nuestra relación con Cristo, nos volvemos más como él, más cariñosos. A todos nos falta bastante pero, como discípulos, debemos continuar creciendo, desarrollando y produciendo más de su fruto.

¿Cómo se puede mostrar el amor de Dios en una situación en la que hacerlo es difícil o casi imposible? Su acción podría ser el catalizador que haga que otros comprendan que Dios quiere ayudarlos, o que los convenza de que Cristo rige su vida.

2. *Muchos creen que solo porque entienden la definición de amor pueden amar*

Entender un concepto y ponerlo en práctica son dos cosas diferentes. Podemos oír sermones acerca de las cuatro palabras griegas que traducen amor: erös (amor sexual, sensual), storgë (amor familiar o natural), *philë* (amistoso) y *agapë* (amor de Dios). Amor, no obstante, es algo que practicamos. Por lo tanto, debemos disciplinarnos para practicar amor en forma continua.

C.S. Lewis, en su libro *The Four Loves* [Los cuatro amores], explica las diferentes palabras griegas que se usan para amor. La Biblia a veces emplea el vocablo *ágape* cuando habla del amor de Dios por nosotros y la clase de amor que él quiere que tengamos por otros. *Ágape* es "esa alta y noble forma de amor que ve algo infinitamente precioso en su objetivo."[5] El obispo Stephen Neill define amor como "la disposición tenaz a valorar lo bueno de otra persona".[6]

Aun cuando no sintamos deseo de amar, podemos decidir hacerlo en cualquier forma. Es un acto voluntario, una decisión que tomamos. Al hacer algo con amor, a pesar de lo que sienta, se percatará de que muchas veces desarrolla ese "deseo." Sus emociones lo captarán y en algún momento la compasión aumentará en su corazón hacia una persona o varias.

J. Allan Peterson, en su libro *The Myth of the Greener Grass* [El mito de la grama más verde], escribió:

> El columnista y pastor George Crane nos cuenta acerca de una esposa que entró en su oficina llena de odio hacia su esposo. "No solo quiero deshacerme de él; me quiero desquitar. Antes de divorciarme, quiero herirlo igual que él a mí."
>
> El Dr. Crane le sugirió un plan ingenioso. "Váyase a casa y actúe como si en verdad amara a su esposo. Dígale lo mucho que significa para usted. Elógielo por cada rasgo bueno. Salga de la rutina y sea lo más bondadosa, considerada y generosa posible. No escatime esfuerzos para satisfacerlo, para disfrutarlo. Hágale creer que lo ama. Después que lo convenza de su gran amor y de que no puede vivir sin él, lance la bomba. Dígale que se va a divorciar. Seguro que eso le dolerá."
>
> Con venganza en sus ojos, se rió y exclamó: ¡"Tremendo, maravilloso! ¡Cuánto se va a sorprender!"
>
> Y lo hizo con entusiasmo. Actuó "tal cual". Por dos meses le mostró amor, bondad, atención, generosidad, apoyo.
>
> Como no regresaba, Crane la llamó. "¿Ya está lista para continuar con el divorcio?"

"¿Divorcio?" exclamó. "¡Nunca! Descubrí que en realidad lo amo". La manera en que actuó cambió sus sentimientos. La acción resultó en emoción. La capacidad de amar se consolidó no solo por la promesa ferviente sino por los actos repetidos.[7]

Amemos aunque no veamos resultados, aun cuando el objeto de nuestro amor continúe rechazándonos, evadiéndonos u oponiéndosenos. Jesús pasó gran parte de sus últimos tres años con doce personas. Él sabía que uno le sería infiel por dinero (véase Marcos 14:10-44; Juan 6:70-71), sin embargo continuó ministrándole y amándolo igual que a los otros once. El hecho de que Judas lo traicionaría no cambió el comportamiento de Jesús o su amor hacia él. Si es así como Dios trata a las personas que continúan rechazándolo, entonces debemos amar en situaciones difíciles. ¿Desobedece a Dios en algún momento? Quizás lo ignora totalmente. ¿Qué hizo él en esos casos? Él continuó amándolo y buscando las maneras de mostrarle su misericordia. Nosotros no amamos a los demás en la misma forma en que algunos sin Cristo aman a otros. Nuestro amor nunca debe rendirse.

Algunos alegan: "¡Bueno, lo perdono por lo que me hizo, pero no lo olvidaré!" Parte de lo que dicen es cierto. Es difícil olvidar; sin embargo, no debemos llevar cuenta de ello. Si lo hacemos, la amargura contaminará nuestros corazones y traerá gran daño personal. Hebreos 12:15 nos advierte: "Asegúrense de que ... ninguna raíz amarga brote y cause dificultades y corrompa a muchos". Sus padres, un hermano, un amigo cercano o su jefe quizás lo haya rechazado. Es muy posible, que experimente la traición de alguien, dañando su reputación o su persona. Perdonar a esa persona le hará libre y puede que ella advierta que hay algo especial en usted.

Jesús le ayudará. Si se apega a él y decide tratar a las personas como él las trata, su corazón se transformará y el amor de Dios fluirá a través de usted.

3. *Pocos entienden su capacidad para herir a otros con palabras y acciones*

Por lo que con frecuencia fallan en reconocer las veces que no son cariñosos y hasta groseros.

Un día, yo (Wayde), recibí una llamada telefónica de una persona que dijo que nunca volvería a nuestra iglesia. Estaba enojada, herida, y quería que yo lo supiera. Su modo convincente me asombró tanto como el hecho de que quería que supiera la razón por la que ella y su familia se iban. A veces, cuando las personas se retiran de una iglesia en particular, el pastor nunca sabe por qué. Le pregunté el motivo de su decisión. Y me dijo:

"Esta semana llevamos a un amigo a la iglesia, al que le hablamos durante meses acerca de su necesidad de Dios. Al fin, acordó acompañarnos para ver de qué se trataba.

"Nos sentamos en la primera fila, justo frente a usted; nos entusiasmaba saber qué pensaría nuestro amigo en cuanto al servicio. Un poco después de sentarnos, uno de los ujieres se dirigió a nuestro amigo y le dijo: "Señor, por favor, quítese su gorra".

"Nuestro invitado respondió: "Lo siento, pero no puedo". El ujier entonces, con más firmeza, insistió: "¿Podría, por favor, quitarse la gorra?"

"Nuestro amigo, un poco apenado, movió su cabeza negándose.

"El aposentador entonces acotó: "¡Quítese la gorra, usted está en la iglesia!"

"Nuestro amigo se levantó, nos miró, y dijo: "Debo irme". Se fue y nosotros lo seguimos hasta el vestíbulo, donde hablamos."

Pese a que estoy en completo desacuerdo con la manera insensible en que el ujier le habló a aquel hombre, inquirí: "¿Por qué no se quiso quitar la gorra su amigo?"

Ella respondió: "Pastor, nuestro amigo tiene leucemia y debido al tratamiento médico perdió gran parte de su cabello. Él está acomplejado y siente que se ve mejor con su gorra puesta."

Esa tarde, visité al hombre y le presenté sinceras disculpas por la conducta asumida en nuestra iglesia. Le expliqué que Dios siempre es sensible a nuestras necesidades y que nunca desearía que ninguno de sus hijos tratara a otros en esa forma. Con humildad le pedí que nos permitiera probar otra vez. Además, le pedí al ujier que lo llamara y se disculpara.

Nuestra capacidad para ser insensibles con los demás es enorme. Solo intente salir del estacionamiento de la iglesia después de un servicio y vea con qué frecuencia le ceden el paso. ¿Cuántas veces ha visitado una iglesia y nadie le dirige la palabra? ¿Advierte que los que le dan la bienvenida más bien parecen estar haciendo su trabajo que alegres por verlo y deseosos de hacerlo sentirse bienvenido?

¿Y usted? ¿Tiene sus emociones, palabras y acciones bajo control? Aunque la mayoría de las personas creen regir sus vidas, fuerzas externas como otras personas, las circunstancias, la política, las noticias y aun el clima los controla. Nuestras reacciones a las fuerzas externas demuestran si en verdad tenemos el control. Las luchas internas también nos pueden controlar. Los daños pasados, los rechazos y las decepciones constantemente nos molestan, y a veces permitimos que nuestra carga emocional afecte la forma en que les hablamos y tratamos a otros.

¿Y qué, en cuanto a la iglesia en general? Cuando el mundo mira a la iglesia, ¿la ve como una congregación enojada, una iglesia que está siempre protestando, quejándose o mostrándose sin compasión? Joseph Stowell dijo:

> Nunca vi una época en que los cristianos estuvieran más enojados por más cosas que ahora ... Estamos molestos con los valores, la política, la televisión, la publicidad, la educación, la violación de los no natos, los preservativos y los criminales. Esta furia ha levantado un instinto guerrero en el cuerpo de Cristo, que nos deja con un perfil radical. Gritamos más frente a las clínicas para abortos y les disparamos más a los médicos abortistas. El público nos percibe como abundantes en ira y escasos en bondad, más dedicados a los problemas que a la compasión.[8]

Todos nosotros tenemos una naturaleza pecadora, y esta naturaleza tiene un potencial tremendo para hacer o decir lo erráneo. Pablo afirmó: "Que cada día muero ... es tan cierto como el orgullo que ... " (1 Corintios 15:31), queriendo decir que no solo arriesgó su vida física por el beneficio del evangelio, sino que moría a diario en su naturaleza pecaminosa. Se afirma que más personas mueren por la lengua que por todas las guerras en la historia. Las palabras pueden ser tan mortales como las acciones. Nuestra naturaleza pecaminosa, de donde estas palabras surgen, puede ser controlada porque estamos conectados a la Vid; sin embargo, necesitamos evaluar nuestras actitudes, comportamientos y sentimientos siempre. El Espíritu Santo nos avisa cuando somos pocos cariñosos, poco amables y estamos enojados sin razón. Cuando así lo hace, debemos obedecer y hacer lo correcto.

Su amor puede marcar la diferencia. Las personas pueden cambiar, según el modo en que las trate. Sus palabras o acciones pueden animar a una persona decaída a tener esperanza. Lo que haga puede traer ánimo, riquezas y energía a alguien hoy. Si no lo puede decir, escríbalo. Si cree que no lo puede hacer hoy, entonces asigne el tiempo cuando lo pueda hacer. No detenga su impulso a hacer algo bondadoso. Nuestras acciones "semejantes a Dios" podrían hasta salvar una vida.

Gary Smalley y John Trent relatan la historia de un pequeño escolar que esperaba el autobús una fría mañana de enero. Otros niños que esperaban con él se reían y jugaban mientras que Roger estaba solo, callado, mirando al suelo cubierto de nieve. Cuando llego el autobús, los otros niños se apresuraron antes que él. Roger se sentó solo en el asiento más evadido por los niños, el que está detrás del chofer. Andando hacia la escuela, Roger se paró y se le cayeron los libros. Para equilibrarse se pegó al poste de metal cercano a la puerta del autobús. Cuando el chofer se orilló al lado del camino y abrió la puerta, Roger tropezó cayendo en la nieve, muerto.

La autopsia no dio prueba de una razón lógica por la muerte de Roger. Sin embargo, observando detenidamente su vida, puede que tengamos respuesta. Sus padres se divorciaron y su madre se volvió a casar. El padrastro de Roger resentía la presencia de este en su matrimonio, y su madre pasaba muy poco tiempo con él.

Así que el pequeño empezó a apartarse de sus compañeros y se volvió indiferente al trabajo de escuela. Poco a poco, creó un mundo alrededor de sí, solo y silente. Sus maestros y amigos se cansaron de intentar comprenderlo y básicamente lo dejaron solo.

Smalley y Trent concluyen: "En solo pocos meses, todas las cosas y cualquier persona que tuviera valor para Roger se fueron perdiendo. Sin refugio ni palabras de ánimo, se sentía como una cifra, un cero vacío. Este niño sensible no pudo tolerar el dolor por mucho tiempo. A Roger no lo mató una enfermedad ni una herida. Lo mató la falta de palabras amorosas y de aceptación".[9]

Cada persona desesperadamente necesita amor, aceptación y perdón. En todo nuestro entorno hay personas parecidas a Roger. Están en su lugar de trabajo, escuela, vecindario y hasta en la familia. Los actos amorosos de usted, las palabras de aliento y las muestras de perdón pueden cambiar las vidas de ellos, aun en la eternidad.

El amor es posible

AL COMENZAR EL tercer milenio después de Cristo, el mundo ciertamente tiene la mejor tecnología y los adelantos científicos de todos los tiempos; tiene conocimientos superiores a lo que imaginaron las personas que vivieron hace cien años. Sin embargo, es posible que nuestra era sea la más descontrolada e indisciplinada desde el tiempo del diluvio de Noé. La filosofía de muchos es: "Si es bueno para mí, buscaré la manera de hacerlo". El mundo está lleno de compromisos respecto a la moral, la integridad y la verdad. La idea es: "Si resulta, seguiré haciéndolo." ¡El asunto no es si lo que da resultados es moral, justo o verdadero; es si resulta o no!

Cuando yo (Wayde) era un muchacho, vivía al otro lado del camino de tierra hacia una linda granja. Unas veces caminaba entre los sembradíos y otras ayudaba a nuestro vecino a atar madera o a limpiar el establo. Como se sabe, los establos de los animales tienen un olor inconfundible. No importaba lo mucho que el granjero trabajara por mantener su establo limpio, el olor continuaba. Y no importaba cuánto tratara de no ensuciarme en el establo, mis ropas siempre olían como el establo cuando llegaba a casa. Aunque mi ropa se veía limpia, mi madre decía: "Estuviste en el establo". Vivir en este mundo es como visitar un establo. No importa cuánto intentemos mantenernos sin olor a mundo, este aún nos afecta. Por lo que tenemos que disciplinarnos a permanecer cerca del que continuamente nos purifica. El deseo de Pablo con sus amigos tesalonicenses era "Que el Señor los haga crecer para que se amen más y más unos a otros, y a todos ... Que los fortalezca interiormente para que, cuando nuestro Señor Jesús venga con todos sus santos, la santidad de ustedes sea intachable delante de nuestro Dios y Padre" (1 Tesalonicenses 3:12-13).

Es probable que esto le parezca imposible. Pero si permanece conectado a Cristo, los poderes sobrenaturales de él operarán a través de usted, y el mundo observará lo extraordinario que es Cristo. Usted se verá diferente al mundo por el fruto que produce. Juan nos insta a "[amarnos] los unos a los otros" y luego nos indica que "el amor viene de Dios" (1 Juan 4:7). El amor sobrenatural de Dios que fluye a través de los creyentes es diferente al que el mundo conoce y entiende. Es una fuerza tan poderosa que "cubre multitud de pecados" (1 Pedro 4:8) y saca el temor de nuestras vidas porque "el amor perfecto echa fuera el temor. El que teme espera el castigo" (1 Juan 4:18). Cuando usted entiende que es verdaderamente perdonado y que Dios siempre trata de mostrarle su amor y su aceptación, el temor desaparece. El amor de Dios le permitirá perdonarse a sí mismo y a otros, y le ayudará a dejar de intentar complacer a las personas antes que a Dios. La depresión desaparecerá, la imagen personal mejorará y la paralizadora autocondena acabará cuando entendamos el increíble amor de Dios para con nosotros. Puesto que somos creación suya no solo debemos amar a los demás, sino también a nosotros mismos (véase Santiago 2:8).

El amor perdona

LA BIBLIA NOS INSTRUYE QUE "así como el Señor los perdonó, perdonen también ustedes" (Colosenses 3:13). Jesús mismo dijo: "Porque si perdonan a otros sus ofensas, también los perdonará a ustedes su Padre celestial. Pero si no perdonan a otros sus ofensas, tampoco su Padre les perdonará a ustedes las suyas" (Mateo 6:14-15).

Por años no entendí esta verdad. Me preguntaba cómo era posible que las personas perdonaran algunas de las ofensas que otros cometían contra ellas. ¿Y qué respecto a esos que eran heridos físicamente por otra persona o calumniados por las mentiras de otros? ¿Y qué en cuanto a aquellos que eran perturbados, abusados (física o emocionalmente) o violados? El mundo puede ser un lugar tóxico y dañino para vivir. Una de cada tres mujeres y uno de cada siete hombres son abusados. Las personas pueden usar, abusar y hasta odiar, pero debemos perdonarlos.

¿Por qué acarrear rencor a lo largo de la vida y odiar a las personas que nos hieren? Porque lo único que produce el odio es más daño a nosotros mismos. Si andamos con resentimiento sobre nuestros hombros, seremos unos amargados. No perdonar nos ata y hace que nuestro espíritu sea negativo e impuro. Dios quiere que nos libremos de eso. Agnes Sanford afrimó: "A medida que practicamos el perdón descubrimos más y más que perdonar y sanar es lo mismo."[10] Podemos aprender de las experiencias dolorosas y así protegernos de futuros daños; no obstante debemos desechar el enojo y la falta de perdón para que aquellos que nos hirieron no continúen haciéndolo. Cuando decidimos resentir de alguien, le damos a esa persona un precioso pedazo de nuestra vida. Solo podemos recuperarla perdonando. ¡Deshagámosnos de esa atadura! No perdonar nos paraliza y daña en gran parte nuestra relación con Dios. Thomas Adams dijo: "El que demanda piedad y no muestra ninguna, arruina el puente sobre el que debe pasar."[11] Y Henry Ward Beecher señaló: "El perdón debiera ser como una nota cancelada; rota en dos pedazos y quemada, para que nunca se aparezca contra uno."[12] El perdón como el de Cristo es posible cuando nos conectamos con el que lo inventó.

El amor compele

JESÚS DECLARÓ: "PERO YO, CUANDO sea levantado de la tierra, atraeré a todos a mí mismo" (Juan 12:32). Su poder que cautiva radica en su amor, sacrificado e incondicional. No hay duda de que hablaba de su inminente muerte en la cruz, un acontecimiento que debió asombrar a sus seguidores. ¿Acaso no es "¡Su dominio ... eterno, que no pasará, y su reino jamás será destruido!?" (Daniel 7:14). Isaías acotó: "Se extenderán su soberanía y su paz, y no tendrán fin" (Isaías 9:7) David también habló de un reino sin fin: "Estableceré tu dinastía para siempre, y afirmaré tu trono por todas las generaciones" (Salmo 89:4). Los judíos se preguntaban cómo podía ser Jesús aquel Mesías que establecería un reino eterno, pese a que lo "clavaron" en una cruz. William Barclay nos da una respuesta: "La lección histórica es que Jesús estaba en lo cierto. Fue en ese imán de la cruz en que afianzó sus esperanzas; su posición fue correcta puesto que el amor sobrevivirá aunque el poder desaparezca."[13]

En la obra teatral Saint Joan [Santa Juana], de George Bernard Shaw, cuando Juana de Arco descubrió que los líderes de su pueblo la traicionaron y sentenciaron a la hoguera, les dijo: "Iré ante la gente del pueblo y dejaré que el amor en sus ojos me consuelen del odio que ustedes sienten. Se alegrarán al ver que me quemo; pero aunque pase por fuego, lo haré a través de sus corazones para siempre."[14] Ella declaró que las personas que la amaban recordarían su muerte sacrificial. Cuánto más recordaremos al Hijo de Dios. Jesús fue abandonado en aquella cruz cruel como una ofrenda de paz por nuestros pecados. Su acto de amor nos permitió el perdón y la vida eterna. Ese acto fue suficiente para salvarnos a usted y a mí.

La gente tiene hambre de amor. Muchos viven avergonzados, acarreando culpa o endurecidos por los rechazos. En lo profundo de su interior solo quieren ser atendidos y amados. A veces tratan de recibir amor en formas no adecuadas; pero cuando ven el de Dios puro, sin palabras, compasivo y misericordioso, les atrae. Por eso debemos permitir que el amor de Cristo fluya a través de nosotros. La gente se preguntará, cómo es que podemos amar así; eso se debe a que Jesús los ama por medio de nosotros.

El amor es resistente

NO DEBEMOS AÑADIR condiciones a nuestro amor. No importa cómo nos traten las personas, debemos seguir amando, perdonando y orando por ellos. Uno de los primeros mártires de la iglesia fue Esteban.

Quizás la forma en que murió este apóstol fuera una señal de alerta para Saúl, que luego se convertiría en Pablo. Saúl se paró cerca y sostuvo los vestidos de los que lapidaron a Esteban. Cuando este era apedreado, "cayó de rodillas y gritó: ¡Señor, no les tomes en cuenta este pecado!" (Hechos 7:60). Jesús estableció el ejemplo para Esteban cuando oró en la cruz por sus verdugos: "Padre, dijo Jesús, perdónalos, porque no saben lo que hacen" (Lucas 23:34).

No debemos guardar rencor, evitar "que nos pase" o atacar ciertas condiciones antes de perdonar a alguien. Es posible que nos asombre, aturda o abrume por un tiempo, pero recuperaremos nuestras fuerzas porque estamos conectados al que nos da amor abundante. Las personas nos fallarán y nosotros a ellas, pero si decidimos mantenernos sin olvidar, nadie ganará.

Jim Bakker, antiguo presidente del programa evangélico televisivo PTL [siglas en inglés de Praise The Lord (Alaben al Señor), conocido en español como Para Todo Latino], preso por fraude, escribió en su libro *I Was Wrong* [Me equivoqué]:

> No mucho tiempo después que salí de la prisión, me reuní para cenar con Franklin Graham y su familia en la vieja cabaña de madera en la montaña. Ruth Graham (esposa de Billy) había preparado una comida completa. Hablamos y reímos gozando de una casual comida familiar.
>
> Durante la conversación, Ruth me hizo una pregunta que requería atención. De mi bolsillo trasero saqué un sobre. Cuando entré a la prisión me quitaron mi billetera. No había tenido una por más de cuatro años y medio.
>
> Mientras rebuscaba, Ruth me preguntó tiernamente:
>
> —Jim, ¿no tienes una billetera?
>
> —Esta es la que tengo —respondí.
>
> Ruth salió del cuarto, regresando con una de las billeteras de Billy.
>
> —Aquí tienes una billetera nueva que Billy nunca ha usado. Quiero que la tengas —dijo.
>
> Todavía, hasta el día de hoy, uso esa billetera. A través de los años he conocido miles de magníficos hombres y mujeres cristianos, pero nunca a alguien más humilde, cortés y en una palabra, "real", que Ruth Graham y su familia.[15]

En este mundo, casi toda la gente "descarta" a los que les fallan o decepcionan. Pero el amor de Dios reincide. ¿Qué hará usted con las personas que lo han decepcionado? ¿Dejará que el resentimiento, el juicio o el enojo sean parte de sus emociones hacia ellos? ¿O decidirá actuar más como Jesús y perdonar?

El amor entiende

PODEMOS VER A TRAVÉS del enojo, la amargura y la odiosidad de la gente, y más allá de sus palabras, para entender que están heridos tratando de protegerse. Si pudiéramos retroceder al incidente que inició sus amargadas acciones, lo más probable es que veamos tremendo dolor y daño. El amor de Dios comprende por qué escogen actuar en formas destructoras. Creen que se están protegiendo del dolor. Sus acciones repelen a los demás porque estos no se quieren involucrar en sus vidas.

Cuando decidimos amar a las personas hirientes y odiosas a pesar de su comportamiento, enojo o rechazo, nuestro amor casi siempre diluye sus temores. El proceso puede tomar un tiempo, pero si las amamos con el amor de Dios, verán que somos diferentes. Se preguntarán qué nos hace responderles en forma distinta y por qué no los rechazamos como los demás. Nuestro amor hacia ellos puede verdaderamente cambiar sus vidas y "cubrir multitud de pecados."

Dios es amor, y estamos destinados a actuar como él. En efecto, "somos transformados a su semejanza con más y más gloria por la acción del Señor, que es el Espíritu" (2 Corintios 3:18).

Jesús vio la muchedumbre y sintió compasión por ella. Miró más allá de toda actividad, ruido y distracción, y observó su tremenda necesidad. Estaban "agobiadas y desamparadas, como ovejas sin pastor" (Mateo 9:36). Jesús amó como ningún humano fue capaz, se sacrificó como nadie pudo hacerlo, y perdona más allá de nuestro entendimiento. No hay manera en que usted pueda amar de esa forma, a menos que el Espíritu de Dios le ayude. Él, y solo él, le ayudará a crecer en un amor como el de Cristo.

TRES ✦

Alegría

CÓMO ALEGRARSE EN CUALQUIER SITUACIÓN

¿Se ha preguntado alguna vez, qué lo haría verdaderamente feliz? ¿Qué ocurriría si le eliminaran todas las limitaciones financieras de su vida? ¿Qué pasaría si quitaran del camino a todas las personas que lo detienen y de pronto puede hacer lo que desea desde lo más profundo? Si pudiera hacer lo que quiere, tener lo que anhela y ser lo que quiere, ¿sentiría una alegría genuina?

La mayoría de las personas piensan: "Si pudiera..." o "Si solo alguien más hubiera..." sería feliz. Un mito muy común es que el césped siempre está más verde al otro lado de su jardín; sin embargo, cuando nos acercamos vemos que es ¡césped artificial! Los esposos dejan a sus esposas porque creen que estar con otra los hará verdaderamente felices. Estas dejan a aquellos porque piensan que estarán más seguras con otro. Las personas renuncian a los trabajos honorables, cambian de carrera y se reubican al otro lado del país pensando que el nuevo empleo, la nueva casa o el movimiento les traerá la satisfacción e intensa felicidad que ansían. La mayoría, después de hacer el cambio, descubre que ¡aún tienen que vivir consigo mismos y que no son tan felices! Hasta la Declaración de Independencia de los Estados Unidos proclama que tenemos el derecho de "buscar la felicidad." Pero en ninguna parte de la Biblia hallará que Dios nos aconseja que persigamos la felicidad. El "gozo" que la mayoría busca se disfraza como algo duradero cuando en realidad es pasajero, esquivo y efímero.

¿Es el dinero la clave de la felicidad? Considere lo que hizo para Buddy Post de Oil City, Pensilvania. En 1988, Buddy se ganó el gran

premio de dieciséis millones de dólares de la lotería de Pensilvania.
Ese fue el comienzo de su desgracia. Su jefa reclamó que le pertenecía
parte del boleto ganador y lo demandó, con éxito, por una tercera
parte del dinero. Luego inició varias aventuras mercantiles con sus
hermanos, las que fracasaron. En 1991, Post fue sentenciado de seis
meses a dos años de prisión por asalto. Post afirmaba que solo había
disparado un arma hacia el techo de su garaje para asustar al novio de
su hijastra, que discutía con él respecto a unos negocios y la
propiedad de la camioneta de Post. En 1993, el hermano de Post fue
acusado de planear asesinar a Buddy y su esposa para quedarse con el
dinero de la lotería. En 1994, Post se declaró en bancarrota. Después
la esposa lo dejó, y el tribunal le ordenó pagarle cuarenta mil dólares
al año para su mantenimiento.

Post finalmente se rindió. Para pagar una montaña de gastos
legales trató, en septiembre de 1996, de vender los derechos a sus
futuros diecisiete pagos de su premio, que sumaban cinco millones;
pero la lotería de Pensilvania intentó bloquear la venta.

"El dinero no me cambió", declaró Post. "Cambió a los conocidos que me rodeaban, los que creía que les importaba un poco. Pero
solo les interesaba el dinero."[1]

Dios quiere que nos llenemos de gozo. Este es parte del paquete
del fruto del Espíritu y llega a ser algo natural en nuestras vidas cuando estamos conectados a la Vid. Como el otro fruto del Espíritu, la
alegría no es algo que producimos por sí mismos. Es más, es el resultado sobrenatural de pertenecer a quien es la alegría pura.

¿Estoy diciendo que será feliz todo el tiempo, risueño, con una sonrisa perpetua en sus labios y exuberantemente emocionado? No. La alegría que la Biblia habla es mucho más profunda que eso. La iglesia primitiva entendió que la alegría sería una realidad en sus vidas, así les pasara
cualquier cosa. Cuando los líderes de la iglesia eran golpeados, se alegra-
ban "por haber sido considerados dignos de sufrir afrentas por causa del
Nombre" (Hechos 5:41). Santiago animó a esos que sufrían a aguantar
persecución, escribiendo: "Considérense muy dichosos cuando tengan
que enfrentarse con diversas pruebas, pues ya saben que la prueba de su
fe produce constancia" (1:2-3). Y el escritor de Hebreos los inspiró a fijar

"la mirada en Jesús, el iniciador y perfeccionador de nuestra fe, quien por el gozo que le esperaba, soportó la cruz" (12:2). El obispo Stephen Neill observó acerca de esos creyentes primitivos: "Fue debido a que eran gente gozosa que los cristianos primitivos pudieron conquistar el mundo."[2]

La alegría es mucho más que un semblante sonriente. La alegría, que viene solo del Espíritu Santo, es posible aun en tiempos duros, cuando pasamos por grandes decepciones, pérdida o dolor. Debido a enfermedad, Amy Carmichael estuvo confinada a la cama las dos últimas décadas de su vida. Durante ese tiempo escribió numerosos libros que han ayudado a un sinnúmero de personas. Ella dijo: "En cuanto a las cosas de Dios, la aceptación siempre es una opción agradable para la mente y el corazón que él indica, porque (en el presente) esa es su voluntad buena, aceptable y perfecta."[3] La situación de Amy no le quitó su sentimiento de gozo. Ella lo sentía a pesar de sus circunstancias.

La palabra que Pablo emplea para alegría es chara, la que casi siempre tiene, en el Nuevo Testamento, raíces espirituales como "la alegría que infunde el Espíritu Santo" (1 Tesalonicenses 1:6). El Antiguo Testamento con frecuencia usa frases como "el gozo del Señor." Y Jesús dijo que deseaba que nuestra alegría fuera completa (Juan 15:11). El pastor y autor Jack Hayford describe este concepto así:

> La alegría, por tanto, es ese conocimiento siempre profundo de que nuestras vidas están escondidas en Cristo y que podemos ser llevados por el Espíritu a través de cualquier cosa. Las aflicciones, las pruebas, las presiones o las frustraciones pueden llegar, pero no destruir ya que experimentamos alegría. Podemos ser heridos verdaderamente (2 Corintios 1:8); puede que lloremos (Juan 11:33-35); podemos ser tentados (Hebreos 2:18); puede que no entendamos lo que Dios permite que nos afecte (Juan 1:2-5); pero nada de eso hace que desviemos la atención de Dios a nuestras dificultades o perjudique lo que ministramos a las necesidades de otros. "Ahora bien, sabemos que Dios dispone todas las cosas para el bien de quienes lo aman, los que han sido llamados de acuerdo con su propósito" (Romanos 8:28). Esta es la alegría bíblica.[4]

Alegría común

HACE UN TIEMPO, MIENTRAS pasábamos unas vacaciones en California, mi familia y yo (Wayde), visitamos los estudios de televisión que producen programas de juegos como *The Price is Right* [El precio exacto]. Mientras esperábamos para participar de la audiencia de uno de los otros programas en vivo, me fijé en los seleccionados para *The Price is Right*. Docenas de personas sentadas, esperaban para entrar al salón en el que era posible que escucharan su nombre así como las palabras "Pasen adelante." Muchos estaban tan alegres y emocionados que saltaban y reían en el estacionamiento, anhelando ganar miles de dólares en efectivo y premios ese día. Escuché a una persona diciéndole a su amiga como usaría el premio. A medida que el fervor crecía, muchos se pusieron ansiosos. Estaban completamente alegres.

Cristianos y no cristianos pueden experimentar alegría en muchas formas comunes.

Tiempos de celebración

Las personas casi siempre se alegran en la boda de alguien amado, el nacimiento de un bebé, las graduaciones, las promociones en el trabajo o por un premio ganado debido a un trabajo bien hecho. En muchos de esos momentos abunda el gozo y la celebración.

Tiempos de logros

Aquellos que lograron perder peso, dejar un hábito malo, retirarse de una situación destructora, graduarse de la universidad o terminar un trabajo difícil, experimentan un sentimiento de triunfo. Las personas orientadas a las metas, sienten gozo y satisfacción cuando alcanzan su objetivo. Los que triunfan en sus profesiones o en sus familias también sienten la alegría del triunfo.

Relaciones

La alegría puede surgir de una amistad profunda con alguien como un cónyuge, un niño, un viejo amigo de escuela o un compañero de trabajo. Paul Thigpen expresó la alegría de una de esas relaciones en un artículo publicado en Discipleship Journal [Revista de discipulado]:

> Recuerdo que llegué a casa una tarde y descubrí que la cocina, en la que trabajé tan duro limpiándola pocas horas antes, ya estaba arruinada. Mi hija menor obviamente estuvo ocupada "cocinando", y los ingredientes estaban regados, juntos con fuentes y utensilios sucios sobre el mostrador y el suelo. No me agradó la situación
>
> Después, al observar un poco más de cerca el lío, vi una pequeña nota en la mesa, escrita no en forma muy nítida y manchada con huellas digitales de chocolate. El mensaje era breve: "Estoy haciendo algo para ti, Papá"; y lo firmaba "Tu ángel."[5]

En medio del laberinto, la irritación y el ceño fruncido de Paul se convirtió en gozo y risa. Las relaciones pueden producir tremendo gozo tanto a cristianos como a no cristianos.

Casi todas las relaciones implican dar y recibir energías emotivas. Damos nuestro conocimiento, amistad y cuidado a otra persona, y ellos hacen lo mismo por nosotros cuando lo necesitamos.

Alegría inesperada

Cuando ocurre algo maravilloso repentinamente, decimos que es un "golpe de suerte." Podría ser una herencia inesperada, una devolución de impuestos, una gran negociación en algo que compró. Un día observé un programa en el que valoraban antigüedades. Cierta persona que compró una pintura por su lindo marco le pidió al experto que le valorara el marco. Cuando el especialista observó el cuadro, le explicó a la dueña que era varios cientos de años vieja y que valía muchos miles de dólares. Que a pesar de que el marco era valioso, el retrato lo era mucho más. La dueña obviamente estuvo satisfecha, en especial porque pagó unos pocos dólares por la pintura en una venta casera. ¡Este es un ejemplo de alegría inesperada de la que seguramente casi todos disfrutaríamos!

La alegría de la vida

Hay personas que a veces experimentan alegría con su propia vida. Algunos erróneamente afirman que todos, aparte de los cristianos, son infelices. En realidad, muchas personas que no son cristianos son básicamente felices. En efecto, en apariencias algunos no cristianos parecen ser más felices que muchos creyentes. Aunque la mayoría puede experimentar una viva satisfacción general, sin el "gozo exclusivo del Señor", las personas son con frecuencia infelices. C.S. Lewis escribió en Mere Christianity [Mero cristianismo]: "Dios no puede darnos felicidad y paz aparte de sí mismo. No existe semejante cosa."[6]

En el excelente libro de Frank Minirth y Paul Meier, titulado Happines Is a Choice [La felicidad es una opción], el Sicólogo Paul Meier escribe:

> El Dr. Minirth y yo estamos convencidos de que muchas personas eligen la felicidad pero no la consiguen. La razón es que a pesar de decidir ser felices, buscan paz interior y gozo en lugares erróneos. Buscan la felicidad en lo material y no la encuentran. Buscan gozo en la destreza sexual pero terminan con placeres fugaces y decepciones amargas a largo plazo. Buscan satisfacciones internas obteniendo posiciones de poder en corporaciones, en el gobierno o aun en sus propias familias (practicando un control excesivo), pero se mantienen insatisfechos. Empresarios millonarios llegan a mi oficina y me dicen que tienen grandes casas, yates, apartamentos en Colorado, buenos hijos, una linda querida, una esposa que no sospecha, posición ejecutiva segura y tendencias suicidas. Tienen todo lo que este mundo puede ofrecer, menos una cosa: paz y alegría interior. Llegan a mi oficina como última instancia, rogándome que los ayude a superar el deseo de suicidarse.[7]

Es obvio que esas personas no son felices. La profunda alegría duradero que solo viene de Dios no está presente en sus vidas porque buscan gozo en cosas y personas más que en Dios. C.S. Lewis indicó: "La alegría es el negocio más serio del cielo."[8]

La alegría exclusiva del cristiano

EL TEÓLOGO WILLIAM BARCLAY escribe respecto al gozo especial que los cristianos sienten: "No es un gozo que proviene de cosas terrenales, mucho menos de triunfar en una competencia. Es una alegría cuyo fundamento es Dios."[9] Este gozo viene de una relación con Jesús, que es capaz de darnos una perspectiva eterna sin importar nuestras circunstancias. C.S. Lewis afirmó: "El gozo nunca está en nuestro poder, pero el placer sí. Dudo que cualquiera que haya saboreado el primero, y tuviera ambas cosas en su poder, lo cambiaría por todo el placer del mundo."[10]

Alégrese porque está seguro de su salvación

Saber que Jesús conquistó la muerte por nosotros y compró nuestra salvación con su preciosa sangre, trae un profundo sentido de gozo. Pablo dijo: "[Dios] nos libró del dominio de la oscuridad y nos trasladó al reino de su amado Hijo" (Colosenses 1:13). Antes de convertirnos en creyentes en Cristo Jesús pertenecíamos al reino de Satanás, pero desde el momento en que hicimos a Jesús nuestro Señor, fuimos rescatados y traídos al justo reino de Dios. Pablo también declaró: "Antes de recibir esa circuncisión, ustedes estaban muertos en sus pecados. Sin embargo, Dios nos dio vida en unión con Cristo, al perdonarnos todos los pecados" (Colosenses 2:13). La salvación no solo da perdón de los pecados, también da poder para vivir una vida recta como hijos de Dios.

Jesús empleaba palabras para describirles a sus discípulos el valor de la salvación. En una ocasión afirmó: "O supongamos que una mujer tiene diez monedas de plata y pierde una. ¿No enciende una lámpara, barre la casa y busca con cuidado hasta encontrarla? Y cuando la encuentra, reúne a sus amigas y vecinas, y les dice: "Alégrense conmigo; ya encontré la moneda que se me había perdido." Les digo que así mismo se alegra Dios con sus ángeles por un pecador que se arrepiente" (Lucas 15:8-10). Cuando Jesús nos salva del pecado somos como esa moneda perdida que es hallada.

Jesús también habló del pastor que tenía cien ovejas y perdió una de ellas. "¿No deja las noventa y nueve en el campo, y va en busca de la oveja perdida hasta encontrarla? Y cuando la encuentra, lleno de alegría la carga en los hombros y vuelve a la casa. Al llegar, reúne a sus amigos y vecinos, y les dice: "Alégrense conmigo; ya encontré la oveja que se me había perdido"" (Lucas 15:4-6). Hasta que Jesús nos encuentra somos como esa oveja perdida. Y al hallarnos hay gran regocijo en el cielo y en nuestros espíritus.

Los creyentes primitivos mostraban la alegría del Señor en toda clase de circunstancias. Cuando un gran número de personas en Samaria aceptó la Palabra de Dios y muchos fueron liberados del espíritu malo y sanados de enfermedades "aquella ciudad se llenó de alegría" (Hechos 8:8). Cuando Felipe le explicó el evangelio al etíope eunuco, el hombre creyó en Jesús y "siguió alegre su camino" (Hechos 8:39). Cuando el carcelero filipense estaba por suicidarse porque pensaba que los prisioneros habían escapado después que un terremoto sacudió las puertas de la cárcel abriéndolas, Pablo gritó: "¡No te hagas ningún daño! ¡Todos estamos aquí!" (Hechos 16:28). El carcelero luego le preguntó a Pablo y su amigo Silas (que eran sus prisioneros) cómo salvarse. Ellos le explicaron el evangelio al hombre y este y toda su familia rindieron su vida a Cristo y fueron bautizados. Las Escrituras dicen que "se alegró mucho junto con toda su familia por haber creído en Dios" (Hechos 16:34).

Solo los que han nacido de nuevo pueden entender por completo esta clase especial de alegría, porque es celestial y no terrenal. Ese gozo viene del que lo creó cuando el corazón de usted busca maneras por las cuales adorarlo. El obispo metodista Ralph Spaulding Cushman expresó la alegría de adorar al Creador en estas palabras:

> ¡Oh, alegría absoluta!
> Vivir contigo,
> Dios del universo,
> Señor de los árboles,
> Creador de las montañas,
> ¡Señor que me amas!
> ¡Oh, alegría absoluta!
> Respirar tu aire;
> Al amanecer,
> Toda inquietud esfuma,

Todo el cántico del mundo
"¡Dios está por doquier!"
¡Oh, alegría absoluta!
Caminar contigo,
Sobre las colinas,
A orillas del mar,
La vida es tan maravillosa
Es tan libre vivir.
¡Oh, alegría absoluta!
Trabajar con Dios,
Cumplir sus órdenes,
Anhelar su aprobación,
Construir su cielo
Sobre la tierra.
¡Oh, alegría absoluta!
Para siempre será
Vivir en la gloria,
Vivir contigo,
Señor del mañana,
¡Señor que me amas![11]

Aumente su alegría llevando a otros a Jesucristo

Explicarle el evangelio a alguien y verle rendir su vida a Cristo produce una satisfacción y un gozo increíbles. La iglesia primitiva se "alegraba mucho" cuando los creyentes oían que los paganos se convertían (Hechos 15:3). Si el cielo se regocija porque un pecador se arrepiente (Lucas 15:7) y los ángeles se emocionan cuando una persona decide seguir a Cristo (v. 10), deberíamos sentir un gozo tremendo al tener el privilegio de presentar a Jesús.

El gran evangelista D.L. Moody afirmó:

Creo que si un ángel volara desde la tierra al cielo, y dijera que hay un pobre niño andrajoso, sin padre ni madre, sin nadie que lo cuide y le enseñe cómo vivir; y si Dios preguntara quién entre ellos quisiera bajar a esta tierra y vivir aquí por cincuenta años y guiar a ese niño a Cristo, cada ángel en el cielo sería un voluntario. Hasta Gabriel, que está en la presencia del Todopoderoso, diría: "Déjame abandonar mi majestuosa y alta posición, y permíteme tener el honor de guiar un alma a Cristo." No hay honra más grande que ser instrumento en las manos de Dios apartando a una persona del dominio de Satanás para llevarla el reino glorioso del cielo.[12]

Vea cómo las batallas diarias contribuyen a su destino eterno

La única diferencia entre los que conocen a Cristo y los que no lo conocen, debiera ser la capacidad para ver el valor del sufrimiento cuando llega, y aun para recibirlo. Santiago dijo: "Hermanos míos, considérense muy dichosos cuando tengan que enfrentarse con diversas pruebas" (Santiago 1:2). Las pruebas, el estrés y el sufrimiento en sí mismos no son buenos, sin embargo, fortalecen el carácter. Pablo declaró: "Y no solo en esto, sino también en nuestros sufrimientos, porque sabemos que el sufrimiento produce perseverancia; la perseverancia, entereza de carácter; la entereza de carácter, esperanza" (Romanos 5:3-4).

A través de las pruebas de la vida podemos optar por madurar y crecer en nuestra fe. Algunos deciden enojarse o amargarse cuando llegan las dificultades y dolores de la vida, mientras otros deciden mirar a Dios y hallar la manera de crecer. Joni Eareckson Tada, una mujer que conoce algo de sufrimientos, ya que quedó paralítica por un accidente al saltar de un trampolín en su juventud, dijo: "Aunque tiene un tremendo potencial para lo bueno, el sufrimiento puede ser destructivo. Puede unir familias, enlazándolas mediante las dificultades, o puede destruirlas con egoísmo y amargura. Puede afilar todas las orillas gruesas de su carácter, o puede endurecerlas más. Todo depende de nosotros, en cómo respondemos."[13] Nuestro sufrimiento puede tener valor eterno y puede, como ninguna otra cosa en la vida, dar profundidad a nuestro carácter.

Cuentan la historia de un hombre que encontró el capullo de una mariposa emperatriz y se la llevó a su casa para observar cuando saliera. Un día apareció un pequeño agujero, la mariposa luchó por varias horas pero parecía no poder pasar cierta parte de su cuerpo por una sección en particular. Creyendo que algo andaba mal, el hombre picó lo que quedaba del capullo con unas tijeras. La mariposa salió con facilidad; su cuerpo grande estaba hinchado, las alas pequeñas y encogidas.

El hombre esperaba que en pocas horas las alas se extendieran con su belleza natural, pero no fue así. En vez de desarrollarse en una criatura libre para volar, la mariposa arrastraba el cuerpo hinchado y sus alas encogidas.

La restricción del capullo y la lucha necesaria para pasar por el agujero pequeño es la forma en que Dios hace avanzar el fluido del cuerpo hacia las alas. El corte "misericordioso" en realidad fue cruel. A veces la lucha es exactamente lo que necesitamos.[14]

¿Ven ustedes algún valor en su sufrimiento? Regocíjense, porque solo mediante el sufrimiento pueden adquirir una madurez profunda que lo hará más como Cristo.

Las palabras de Malcolm Muggeridge trata volúmenes de sabiduría a aquellos que preguntan por qué debe el sufrimiento ser parte de la madurez.

> Contrario a lo que pueda esperarse, recuerdo las experiencias pasadas, que entonces parecían muy lamentables y dolorosas, con especial satisfacción. En efecto, puedo decir con toda sinceridad que lo que aprendí en mis setenta y cinco años en este mundo, lo que verdaderamente mejoró y satisfizo mi existencia fue a través de las aflicciones y no precisamente de la felicidad. En otras palabras, si algún día fuera posible eliminar la aflicción de nuestra existencia terrenal por medio de alguna droga u otro remedio popular ... el resultado no sería para hacer la vida encantadora, sino muy banal o trivial para tolerarla. Esto es por supuesto lo que la cruz significa, y es esta más que ninguna otra cosa, lo que me llamó inexorablemente a Cristo.[15]

Las personas a veces se hacen la idea de que si rinden su vida a Cristo no volverán a tener problemas y dificultades. Pero el sufrimiento es parte de la vida, y la Biblia nos da numerosos ejemplos de creyentes en Dios que sufren tremendo dolor y pena.

John Ortberg escribe en su libro The LifeYou've Always Wanted. [La vida que siempre anheló].

Todos vivimos con la ilusión de que la alegría vendrá algún día cuando las condiciones cambien. Vamos a la escuela y pensamos que seremos felices cuando nos graduemos. Estamos solteros y convencidos de que seremos felices cuando nos casemos. Nos casamos y decimos que seremos felices algún día cuando tengamos hijos. Los tenemos y pensamos que seremos felices cuando crezcan y abandonen el nido; luego lo hacen, y pensamos que éramos más felices cuando estaban en casa.

"Este es el día de Dios", dice el salmista. Es el día que Dios hizo, el día cuando la muerte de Cristo se redimió. Si vamos a conocer el gozo, debe ser hoy mismo.

Esto hace surgir preguntas. ¿Cómo puedo abrazar el gozo entre tanto dolor y sufrimiento? ¿Es correcto sentir alegría en un mundo lleno de hambre, violencia e injusticia?

Es precisamente aquí donde hacemos uno de los descubrimientos más sorprendentes: Con frecuencia, las personas más cercanas al sufrimiento son las que tienen el gozo más poderoso. Algunos amigos de la Madre Teresa afirman que en vez de estar abrumada por el sufrimiento que la rodeaba, brillaba con gozo mientras desempeñaba su ministerio piadoso. Uno de los oficiales ingleses apresados en Flossenburg con Dietrich Bonhoeffer, dijo de acerca de este: "Bonhoeffer siempre parecía regar la atmósfera de felicidad y gozo respecto a cualquier incidente menor y mostraba profunda gratitud por el simple hecho de estar vivo."

La alegría verdadero suele suceder solo a esos que dedican sus vidas a algo más grande que la felicidad personal. Esto se ve más en las vidas extraordinarias como las de los santos y los mártires. Pero eso no es menos cierto para la gente común como nosotros.

Una prueba del gozo auténtico es su compatibilidad con el dolor. La alegría en este mundo permanece "a pesar de" cualquier cosa. La alegría es, como lo expuso Karl Barth, un "retador" armado para una jornada completa contra la amargura y el resentimiento.

Si no nos regocijamos ahora, nunca haremos del todo. Si esperamos hasta que las condiciones sean perfectas, aún cuando muramos estaremos esperando. Si vamos a alegrarnos, tiene que ser en este día.[16]

Alégrese cuando Dios es glorificado

Pablo afirmó: "Hagan cualquier ... cosa, háganlo todo para la gloria de Dios" (1 Corintios 10:31). Uno de los gozos más grandes que una persona puede tener en la vida es saber que trae gloria a Dios. Sea por la decisión de alejarse de una tentación pecaminosa o mediante un compromiso para hacer lo correcto, aun cuando el costo personal sea alto. También puede ser por la búsqueda consciente y constante de maneras de dar gloria a Dios en su caminar diario. Cada cristiano debería tener una motivación enfocada a darle gloria a Dios en todo lo que hace.

En los años cuando Michael Jordan llevó al equipo de baloncesto, Chicago Bulls, a varios campeonatos nacionales, muchas cosas lo motivaron. Una fue que Frank Hamblen, de cincuenta años de edad, que llegó a los Bulls como entrenador asistente en 1997, había servido en varios equipos por veinticinco años, pero no poseía un anillo de campeonato.

Ese año los Bulls perseguían su quinto campeonato. Jordan le dijo a la escritora del Chicaco Tribune Melisa Isaacson: "[Hamblen] ha estado en la liga por mucho tiempo en varios equipos y ha hecho algunas contribuciones grandes ... sin embargo, nunca estuvo en un equipo campeón ... Ese será mi regalo para Hamblen. Eso es parte de mi motivación."

Hamblen declaró: "Michael se me acercó temprano en la temporada y me dijo que era un gran estímulo para ganar el que yo obtuviera un anillo de campeonato. Cuando el mejor jugador del mundo de baloncesto le dice eso a uno, bueno, en realidad me hizo sentir especial."

Chicago ganó todo en 1997, y Frank Hamblen recibió su anillo de campeonato.[17]

Para los cristianos la mayor motivación y deseo en la vida debiera ser darle gloria a Dios. Todos los días nos podemos despertar y decir a nuestro Dios: "Hoy, quiero darte gloria en todo lo que diga y haga". Podemos hacer eso empeñándonos en ser obedientes en todo lo que él nos pida que hagamos.

Aumente su alegría llenándose con el Espíritu Santo

El gran evangelista D.L. Moody afirmó: "Dios nos ordena llenarnos con el Espíritu, y si no nos llenamos, es porque no vivimos al nivel de nuestros privilegios."[18] Las personas que reciben al Espíritu

Santo pueden tener tal gozo que alguien pudiera llegar a la conclusión de que están embriagados (Hechos 2:13). Recibir al Espíritu da una limpieza acompañada de valor y poder para ser más eficientes al testificar. Esta experiencia trae un profundo sentimiento de felicidad a los que la reciben. Charles G. Finney dijo de la suya: "El Espíritu Santo descendió sobre mí de una manera que pareció atravesarme, cuerpo y alma. Sentí una impresión como de una onda eléctrica que entraba en mí y recorría mi interior. En efecto, parecía fluir en olas y olas de amor líquido ... como el mismo aliento de Dios ... parecía abanicarme cual alas enormes."[19]

Cuando los creyentes en el aposento alto fueron llenados con el Espíritu Santo el día de Pentecostés, los que los veían querían saber cómo podían tener la misma experiencia. Pedro les dijo: "La promesa es para ustedes, para sus hijos y para todos los extranjeros, es decir, para todos aquellos a quienes el Señor nuestro Dios quiera llamar" (Hechos 2:39).

El Espíritu Santo se entristece cuando los creyentes desestiman sus convicciones por ideas, sentimientos o conductas pecaminosos, y desechan sus advertencias para que actúen y piensen diferente. Pero cuando nos arrepentimos y decidimos obedecer al Señor, podemos pedirle a Dios que nos llene con el Espíritu Santo. Esto se puede repetir siempre que nos sintamos espiritualmente secos o nuestra valentía para testificar merme en temor. Él promete dar "tiempos de descanso" (Hechos 3:19) a nuestras almas cansadas.[20]

¿Está alegre?

¿QUÉ LE HACE FELIZ? ¿Lo que posee, el lugar donde vive, el grupo al que pertenece? ¿O será nacer de nuevo y tener el don de la vida eterna lo que le hace feliz? ¿Se regocija porque Dios es glorificado en la manera en que usted vive y porque Cristo lo llenó con el Espíritu Santo? Malcolm Muggeridge dijo: "Puedo decir que nunca supe lo que era el gozo hasta que desistí de buscar la felicidad, ni lo que era vivir hasta que decidí morir. Por ambos descubrimientos estoy agradecido a Jesús."[21]

G.K. Chesterton escribió en su libro Orthodoxy [Ortodoxia]:

La alegría, que fue la pequeña publicidad del pagano, es el secreto gigante de los cristianos. Y al cerrar este volumen, abro de nuevo el raro y pequeño libro del cual toda la cristiandad vino; y estoy otra vez obsesionado por esa clase de confirmación. La tremenda figura que llena los evangelios se destaca en este aspecto, como en los demás, por sobre todos los pensadores que siempre se creyeron altos. Su pasión era natural, casi espontánea. Los estoicos, antiguos y modernos, se enorgullecían por ocultar sus lágrimas. Él nunca las escondió; las mostraba en su rostro con sencillez a diario en cualquier lugar, tanto lejos de su ciudad natal como en ella misma. Sin embargo, ocultó algo. Los solemnes superhombres y diplomáticos imperiales se enorgullecen de controlar su enojo. Él nunca lo contuvo. Echó escalones abajo los muebles del templo, y preguntó a los hombres, cómo pensaban escapar a la condenación del infierno. Se contuvo más. Lo digo con reverencia; había en esa personalidad destructora una fibra que se debe llamar timidez. Había algo que ocultó de todos los hombres cuando fue a la cumbre de la montaña a orar. Algo que cubrió siempre con silencio repentino o aislamiento impetuoso. Algo muy grande para que Dios nos mostrara al caminar en nuestro mundo; a veces me imagino que eso era su alegría.[22]

Puede que Chesterton esté en lo cierto. Simplemente no podemos expresar por completo la insuperable alegría y satisfacción eterna que nos pertenece como creyentes en Cristo. Nuestro mayor placer terrenal es solo una pequeñez de lo que experimentaremos en la eternidad celestial. Nuestro gozo especial comienza con el hecho de que Cristo vive en nosotros, pertenecemos a él, y estamos eternamente vivos en él. Una alegría que el mundo nunca podrá comprender.

Cuatro ✦

Paz

Cómo vencer la ansiedad y el conflicto

Mudarse de un país de volcanes y terremotos a otro de tornados requirió que yo (Wayde) y mi familia, ajustáramos nuestro pensamiento. En Seattle a veces oíamos predicciones de lo que pasaría si la Montaña Rainier hacía erupción; por otra parte, el recuerdo atemorizador de la erupción del Monte Santa Elena está muy vivo a lo largo del noroeste del Pacífico. Así que estábamos acostumbrados a la idea de que estallara una montaña o que un terremoto sucediera debido a algunas de las fallas que caracterizan la costa del oeste. Los tornados son diferentes. Aunque tienen similares resultados devastadores, la amenaza llega por encima de la tierra y no por debajo.

En la escena final de la película *Twister* un tornado, categoría F5 con más de un kilómetro y medio de ancho, persigue a los protagonistas, Bill y Jo, mientras corren para salvar sus vidas. Lo primero que buscan es protegerse en un establo viejo, pero la furia de los vientos levantan los objetos de metal y los lanzan por el aire como cuchillos cortantes. Luego corren hacia una casa que tiene una vieja bomba de agua y se atan con unas fajas de cuero a los tubos que penetran tres metros bajo tierra. Cuando el tornado pasa sobre ellos, arranca la casa de su base y la eleva girando en una masa oscura. El fenómeno trata de halarlos hacia el centro superior de su cono, pero aferrándose con desesperación a los tubos con las fajas de cuero se mantienen anclados a tierra. Cuando al fin el tornado termina de pasar, la cámara enfoca la escena desde lo alto. A pesar de que el tornado destruyó muchos kilómetros a su paso, por alguna razón, la vieja construcción de la casa se mantuvo parada, sola e intacta.

Aunque es un relato ficticio, pensé que la escena se parece mucho a la experiencia que tenemos a través de la vida. Las tormentas vienen y se van; igualmente ocurre con las cosas malas que experimenta la gente buena y maravillosa, gente consagrada que sufre tragedias (como Job); pero el creyente tiene paz. La Biblia nunca promete que escaparemos a las tormentas de la vida; sin embargo, sí nos promete paz y protección en medio de esas tormentas.

La paz es el tercer fruto del Espíritu enumerado en Gálatas 5:22-23. Cada corazón humano lo anhela. Jesús prometió a sus discípulos: «La paz les dejo; mi paz les doy» (Juan 14:27). La palabra griega para paz (*eirēnē*) en este versículo, quiere decir más que vivir una vida sin conflicto o estar callado, quieto y en reposo. Se emplea para describir la calma que una nación o ciudad goza cuando tiene un líder preocupado, competente y seguro. William Barclay escribe que en tiempos bíblicos «los pueblos tenían un oficial al que llamaban superintendente del *eirēnē*, encargado de la paz pública.»[1] Tener esta clase de paz implica una tranquilidad en su corazón que le hace entender que su vida está de cierto en las manos de Dios. Ello significa experimentar quietud en su interior.

No piense mal. Tener paz no quiere decir que usted no tendrá conflictos, tensiones ni tiempos difíciles. A algunos, llegar a ser cristianos y llevar vidas consagradas, se les hizo más difícil (aun sufrir persecución) que lo que sufrían cuando no lo eran. Mientras en la prisión Pablo escribió: «He aprendido a estar satisfecho en cualquier situación» (Filipenses 4:11). Cuando el fruto de la paz se produce en nosotros por el Espíritu Santo, podemos vivir en total armonía y tranquilidad pese a nuestras circunstancias. A medida que aprendemos a depender del Espíritu Santo y a entender que estará con nosotros en cada situación, estaremos más reposados y las ansiedades estarán más alejadas.

En el libro infantil (que por cierto es para toda edad) *The Velveteen Rabbit* [El conejo de terciopelo], Margery Williams cuenta el relato imaginario de un conejo de trapo que cobró vida porque su dueño lo amaba. Lo siguiente es una conversación entre el conejo y un caballo de juguete:

—¿Que es lo REAL? —preguntó el conejo un día, acostado al lado del caballo, y antes que llegara la nana a ordenar el cuarto—. ¿Será tener cosas que suenen dentro de uno y agarraderas?

—Real, no es la manera en que uno es hecho —dijo el caballo—. Es algo que le pasa a uno. Cuando un niño te ama por mucho, mucho tiempo, no solo para jugar, es que DE VERAS te ama, entonces te vuelves real.

—¿Y duele? —preguntó el conejo.

—A veces —afirmó el caballo, porque siempre era sincero—. Cuando eres Real no te preocupa que te hieran.

—¿Sucede de una sola vez, como si le dieran cuerda a uno? —insistió— ¿o es poco a poco?

—No sucede de una sola vez —respondió el caballo—. Se repite. Requiere un largo tiempo. Por eso es que no le sucede con frecuencia a la gente que se rompe con facilidad, que tiene orillas agudas o que hay que mantenerla con cuidado. Por lo general, cuando uno es real, la mayoría del pelo se le cae con el cariño que le dan, los ojos se le caen, se le aflojan las coyunturas y hasta el trapo. Pero eso no importa tanto, porque una vez que uno es real, puede que sea feo, excepto para la gente que no entiende.[2]

A medida que crecemos en nuestra relación con Cristo y nos percatamos de que siempre nos está amando, orando por nosotros y cuidándonos, nuestro profundo sentimiento de paz será más coherente ante lo que traiga la vida. Pablo, enfrentando una situación difícil, escribió: «Y la paz de Dios, que sobrepasa todo entendimiento, cuidará sus corazones y sus pensamientos en Cristo Jesús» (Filipenses 4:7). Por lo que podemos ver, nuestra paz viene de uno al que estamos conectados. Por consiguiente, los inconversos no pueden experimentar ni entender la paz que los creyentes gozan.

La paz no viene como resultado de cambiar nuestras circunstancias. Mejor dicho, es un poder sobrenatural que corre en nosotros y quita la confusión, la preocupación y la ansiedad. Inmediatamente después de convertirnos en cristianos sentimos paz en nuestras vidas. Pero debido a las batallas de la vida, las pruebas y las dificultades, nuestra atención puede desviarse. Es probable que por eso Pablo escribiera en Colosenses 3:15-16 que debemos dejar «Que gobierne en ... [nuestros] corazones la paz de Cristo. Y... [seamos]

agradecidos». No debemos permitir que las circunstancias de la vida nos quiten nuestra paz. Es más, debemos apegarnos a las promesas de la Palabra de Dios para que nuestros corazones y mentes estén resguardados de preocupaciones. Con tiempo, madurez y una confianza en Dios creciendo, podemos aprender a estar «contentos cualesquiera sean las circunstancias».

En todas sus trece cartas, Pablo escribe: «Que Dios ... y el Señor ... les concedan gracia y paz». Ni una sola vez dice: «Paz y gracia». Es como si dijera que las personas nunca pueden comenzar a experimentar verdadera paz hasta que vivan la gracia de Dios por medio de la salvación. Pablo desea que sus hermanos y hermanas crezcan en la gracia de Dios, porque está seguro de que entre más personas comprendan la rica gracia, misericordia y el perdón de Dios, más vivirán una vida tranquila a través de las circunstancias de la vida. La paz de Dios trasciende el entendimiento del mundo, el de las religiones y el de las teorías sicológicas; solo aquellos en quienes el Espíritu Santo vive, pueden verdaderamente entender eso.

La paz verdadera empieza cuando la persona conoce al «Príncipe de paz» (Isaías 9:6)

EL POPULAR COMENTARISTA DE RADIO PAUL Harvey cuenta la fascinante historia de un niño llamado Juan que vivió en el siglo dieciocho.

Cuando Juan tenía once años de edad su padre, capitán de un barco en el Mediterráneo, llevó al muchacho a bordo.

El temprano entrenamiento le dio un fundamento excelente para la siguiente excursión importante de Juan, lo que le impulsó a entrar al servicio naval británico. Pero lo que Juan ganó en cuanto al conocimiento marino de su padre, lo perdió en disciplina. Pronto lo arrestaron por desertar, lo azotaron en público y degradaron a marinero común.

A los veintiuno, Juan subió a bordo de un barco que recorría la costa africana llamado *Greyhound* [Galgo], en el que regresó a la depravación de sus años adolescentes.

Asociándose con lo más bajo de la tripulación, Juan se burló del más alto marinero de su compañía, ridiculizó al capitán del barco y hasta a un libro que encontró a bordo, titulado *The Imitation of Christ* [La imitación de Cristo]. Recordaba con claridad la burla respecto al libro una tarde clara.

Esa noche el Greyhound navegaba entre una tormenta violenta. Juan se despertó para descubrir que su cabina estaba llena de agua. Un lado del barco se hundía mientras el Greyhound zozobraba. La nave avanzaba en alta mar con su lado destruido entre la turbulencia.

Lo normal es que esa clase de daño hiciera encallar al barco al cabo de pocos minutos. En este caso, la carga del Greyhound proporcionó unas horas de tiempo precioso.

Después de nueve horas achicando el agua, Juan oyó un comentario desesperado de alguien en la tripulación. Ya nos fuimos todos, dijo.

Y casi como respuesta Juan, involuntariamente y por primera vez en su vida, oró: «¡En caso de que esto no resulte, que el Señor tenga piedad de nosotros!»

El registro muestra que el Greyhound no se hundió.

Pese a que uno puede pensar que aquella oración urgente de Juan se le olvidaría pronto, la recordó hasta su muerte. Cada año celebraba el aniversario de ese accidente tan significativo con oración y ayuno. En un aspecto muy real, lo celebró cada día del resto de su vida.

Juan se retiró de la actividad marítima para convertirse en pastor. Y además en escritor de versos.[3]

El apellido de Juan era Newton. Él es el quien escribió la letra del popular himno «Maravillosa Gracia.»

> ¡Maravillosa gracia! Cuán dulce son,
> ¡Salvó a un desdichado como yo!
> Perdido fui, mas salvo soy,
> Ciego estaba yo, mas ahora veo.

Como creyentes en Cristo tenemos una paz que los que no lo conocen nunca sabrán. Ningún otro líder religioso como el Dalai Lama, un mormón, un gurú de la Nueva Era o el propio Mahoma, puede ofrecer la clase de paz que Jesús da. Él dijo: «Yo les he dicho estas cosas para que en mí hallen paz» (Juan 16:33).

La paz remplaza a la preocupación y la ansiedad

GARRISON KEILLOR, AUTOR DE *Lake Wobegon Days* [Los días del Lago Wobegon], escribe que su mayor temor cuando niño era que la lengua se le pegara a una bomba congelada. Los jóvenes mayores le decían que si la tocaba con la lengua, la única manera de despegarla sería rompiéndosela fuera de la boca o tendiendo una carpa sobre él hasta la primavera.4 Aunque parezca divertido, me puedo identificar con esta clase de preocupación, porque crecí en Minnesota.

Una de las emociones más comunes e inquietantes con la que luchamos es la ansiedad. Esta y la preocupación son gemelas. Algunas personas se preocupan más que otras, pero todos tenemos tiempos en que nos preocupamos mucho. Quizás nos despertamos a media noche pensando en lo que puede pasar al día siguiente. Algunos se aterran por lo que pueda ir mal en una reunión importante, al punto que sus temores los hagan olvidadizo, sentirse enfermos o inclusive evadir la reunión por completo. La palabra *preocupación* viene del término alemán *wergen*, que quiere decir «asfixiarse.» ¿Ha oído alguna vez a alguien decir: «Se asfixió»? La falta de paz puede causar eso. «La ansiedad y sus desórdenes (excesiva frecuencia e intensidad) afecta de 20 a 30 millones de estadounidenses. Es el problema de salud mental número uno entre mujeres y el segundo entre los hombres.»5

Jesús dijo: «No se preocupen por su vida ... ¿Quién de ustedes, por mucho que se preocupe, puede añadir una sola hora al curso de su vida? ... Por lo tanto, no se angustien por el mañana, el cual tendrá sus propios afanes» (Mateo 6:25, 27, 34).

La preocupación y la paz no pueden vivir juntas; son opuestas. Corrie ten Boom dijo: «La preocupación es un ciclo de pensamientos ineficaces girando alrededor de un centro de temor ... La preocupación no elimina el dolor de mañana; debilita la fortaleza del presente.»6 Chuck Swindoll afirma: «Todos sabemos qué es la preocupación. Es cuando pagamos el interés en problemas, antes de que llegue la fecha de vencimiento de la cuenta. Como alguien dijera en una ocasión: "La preocupación es como una fina fuente de temor goteando a través de la mente. Si la dejamos, perfora un canal en el que se vacíen todos los demás pensamientos."»[7] La preocupación es una pérdida de tiempo y quita el gozo, la paz, la conformidad y la energía. Por otro lado, la paz de Dios, realza todo lo que uno hace.

Me encanta la historia de Jesús y sus discípulos cruzando el lago en un bote. Un violento viento de tormenta apareció (Lucas 8:23). Los discípulos temieron y despertaron al Señor diciéndole: «¡Maestro, Maestro, nos vamos a ahogar!» Lo que me sorprende es que necesitaron despertarlo. Después de todo, muchos de ellos eran pescadores expertos y conocían de mares agitados. Sin embargo, esta tormenta los sacudió mucho. No obstante, Jesús dormía profundamente. ¿Por qué? Porque comprendía algo que sus discípulos no entendieron en ese momento. Él podía confiar en su Padre en cada situación. La tormenta no los iba a matar. En efecto, Jesús le habló a la tormenta y se apaciguó.

Años después Pedro, que estuvo en el barco con Jesús, fue arrestado y tenía que comparecer ante el rey Herodes. La noche antes del juicio «este dormía» (Hechos 12:6). «De repente apareció un ángel del Señor y una luz resplandeció en la celda. Despertó a Pedro con unas palmadas en el costado» (v. 7). Entonces, el ángel condujo a Pedro pasando dos grupos de guardias a través de un portón de hierro (que se abría solo) a las calles de la ciudad. Este relato de liberación divina es poderoso. Sin embargo, otro hecho sorprendente es que la noche previa a que Pedro recibiera su sentencia de muerte, estuvo durmiendo. Pedro aprendió de su Maestro que aun cuando las tormentas de la vida llegaran, podía estar en paz. La preocupación no ayudaría en nada a la situación.

¿Cuál es la clave para estar en paz cuando la vida se complica? La confianza. Si queremos experimentar la paz de Dios en todos los retos de la vida, debemos aprender a confiar en él. El escritor de Proverbios nos instruye: «Confía en el Señor de todo corazón, y no en tu propia inteligencia; reconócelo en todos tus caminos, y él allanará tus sendas» (3:5-6). Confía y reconócelo son palabras directas. Nos dicen que «¡Simplemente lo hagamos!» La promesa de Dios es que «él allanará tus sendas.» Si oramos, obedecemos la Palabra de Dios, trabajamos duro en lo que hacemos, y confiamos en Dios, no perderemos tiempo preocupándonos. Al contrario, descansaremos en el hecho de que Dios nos ama mucho y nos cuida.

La paz remplaza la hostilidad y el enojo

HENRY DRUMMOND ESCRIBE EN *The Greatest Thing in the World* [Lo más grande del mundo]:

> Ninguna clase de vicio, mundanalidad, avaricia ni la propia embriaguez, hace más por descristianizar que el mal carácter. Para amargar la vida, desunir comunidades, destruir las relaciones más sagradas, devastar hogares, marchitar hombres y mujeres, destruir el florecimiento de la niñez, en pocas palabras, esta influencia es única para producir desdicha gratuitamente.[8]

Todos hemos tenido que lidiar con el enojo. Unos crecimos en hogares en los que el exceso resultó en abuso. Algunos a veces lo excusan alegando que son irlandeses o italianos o de sangre caliente o de pelo rojo. Pero el enojo no tiene nada que ver con lo étnico, la temperatura de la sangre o el color del cabello de uno, toda la gente se enoja. A menos que sea controlada por la paz de Dios, la ira puede devorar su felicidad, robar su gozo, atacar su salud, destruir sus relaciones y dañar su fe. El enojo no es incorrecto en sí mismo; lo incorrecto es la forma que escogemos para demostrarlo que casi siempre es errada. Pablo advirtió: «Si se enojan, no pequen» (Efesios 4:26).

No hay duda de que la injusticia y el enojo excesivo destruirán su paz. El Dr. Derrald Vaughn, sicólogo y profesor de Bethany College [Universidad Betania] en Scotts Valley, California, sugiere diez maneras para controlar el enojo.[9]

1. Percátese de que el enojo es una de las emociones que Dios le dio y no un pecado en sí. Si algo lo molesta, lo puede comunicar, y es muy probable que deba hacerlo, antes de que el problema empeore.
2. Reconozca que ser de sangre caliente, tener pelo rojo o sentir la necesidad de ventilar los sentimientos no son excusas admisibles para explotar.
3. Sepa que las acciones son controladas por la voluntad, por lo tanto es posible decidirse a controlar las conductas de enojo. Puede detenerse y orar pidiendo ayuda. A veces el enojo debe ser venti-

lado con Dios. O puede escribir una carta y destruirla luego. Puede deshacerse del enojo haciendo labores en casa o lavando el auto.

4. Determine lo que es importante para enojarse. No se preocupe por leche derramada, muebles dañados, autos golpeados o dinero. Respecto a los niños, moléstese con sus rebeldías, desobediencias, mentiras, la violación de los Diez Mandamientos u otras cosas que los dañen a ellos o a alguien más. Halle lugares apropiados para el enojo, para estudiar la Biblia y orar por sabiduría.

5. Use su enojo en forma constructiva, pero acepte lo que no se puede cambiar. Sin embargo, no debemos tomar los asuntos en nuestras manos. Bombardear una clínica de abortos es usar el enojo inapropiadamente, porque viola el mismo mandamiento que los abortistas quebrantan; no es una indignación correcta. El enojo contra la obra de Satanás nos debe llevar a hincarnos para interceder por las familias, las amistades, los vecinos y las naciones; debe hacer que nos presentemos voluntariamente a enseñar la Biblia, visitar a los enfermos, amar al afligido y dar de comer al hambriento; también motivarnos para votar y hablar claro acerca de los asuntos morales.

6. Sea humilde y escuche a las otras personas. El orgullo causa mucho enojo; hace que piense que siempre está en lo correcto y que sabe más que los demás.

7. Pida el perdón de los ofendidos por su ira explosiva. A veces usamos el enojo inadecuadamente debido a que nos resulta en el momento. Sin embargo, a la larga, no resuelve problemas.

8. Perdone a quienes le causan enojo.

9. Evite las sustancias que le instigan enojo e investigue otras causas del mismo. Por ejemplo, el alcohol afecta la inhibición en el cerebro, causando a veces explosiones de ira, violencia y hasta asesinato. Estudios recientes hallaron que ingerir bebidas alcohólicas es el primer causante de abuso físico y sexual. El dolor también puede ser un factor, porque el enojo es una etapa en el proceso del dolor por cualquier pérdida.

10. Cultive el fruto del Espíritu. Cuando esté lleno de amor, gozo, paz, paciencia, bondad, amabilidad, lealtad, dulzura y autocontrol, tendrá poco lugar para usar el enojo inadecuadamente.

Cuando decidimos dejar que la paz rija nuestras vidas y no reaccionar mal ante los desafíos de la vida, el fruto del Espíritu se fortalece.

La paz le permitirá resolver el estrés

EL DR. RICHARD SWENSON, director del Centro de Estudio para la Salud Futura en Menomonie, Wisconsin, reporta:

*   En los Estados Unidos, 30 millones de hombres se describen como estresados.
*   El oficinista promedio tiene treinta y seis horas de trabajo sobre su escritorio y pasa tres horas a la semana clasificando los montones de papeles.
*   El ejecutivo promedio es interrumpido setenta y tres veces al día.
*   El cincuenta por ciento de los gerentes dicen que el flujo incontrolado de información constituye una causa mayor de estrés en el lugar de trabajo todos los días; noventa y cinco por ciento dice que no mejorará.
*   El «multiempleo y el sobre tiempo» alcanzan niveles récord en América.
*   Los hombres tienen un promedio de cuarenta y siete horas de trabajo a la semana. Dos tercios de las mujeres que trabajan fuera de sus casas, laboran de sesenta y cinco a ochenta horas a la semana incluyendo las que pasan trabajando en el hogar.
*   Los trabajadores estadounidenses acumulan más horas en el trabajo que en ningún otro país industrializado que ha sido analizado, con un promedio de 280 horas más al año que los alemanes.
*   Pasamos ocho meses de nuestras vidas abriendo correspondencia para echarla a la basura.
*   Gastamos un año buscando objetos perdidos.
*   Pasamos dos años de nuestras vidas tratando de llamar a personas que no alcanzamos o que sus líneas están ocupadas.
*   Dieciocho millones de estadounidenses toman el antidepresivo Prozac.[10]

En mi labor con los pastores estoy cada vez más consciente de que si ellos no equilibran sus vidas pueden experimentar dificultades maritales, más rebeldía de sus hijos y problemas. Un ejecutivo que trabaja con candidatos a misioneros dijo: «Estamos recibiendo candidatos a misioneros que están terminando sus carreras.»

En los años sesenta, los que predijeron las ventajas futuras de la tecnología y las innovaciones pensaron que el reto más grande sería el aburrimiento. Creían que la tecnología que ahorraba tiempo, aumentaría la productividad e informaron a una subcomisión del Senado que en 1985 las personas trabajarían aproximadamente veintidós horas a la semana, veintisiete semanas al año y se retirarían a los treinta y ocho años.[11] ¡Ahora vemos esos números y nos reímos!

Siento preocupación por la familia común que crece en la iglesia. La unidad del esposo y la esposa promedios actualmente trabaja de noventa a cien horas por semana. Las familias reciben golpes duros por los excesivos compromisos de negocios que no los aburren pero los agotan.

¿Cómo podemos controlar el estrés de nuestras vidas y hallar un balance? Cuando Jesús nació los ángeles anunciaron a los pastores: «Gloria a Dios en las alturas, y en la tierra paz a los que gozan de su buena voluntad» (Lucas 2:14, énfasis añadido). En medio de su estilo de vida frenético, Jesús le puede hablar respecto a equilibrio, descanso y paz. Pablo dijo: «Nos vemos atribulados en todo, pero no abatidos; perplejos, pero no desesperados; perseguidos, pero no abandonados; derribados, pero no destruidos» (2 Corintios 4:8-9). ¿Cómo trató tal estrés? Su secreto se encuentra en el versículo 7: «Pero tenemos este tesoro en vasijas de barro para que se vea que tan sublime poder viene de Dios y no de nosotros». El tesoro del que habló es «su luz en nuestro corazón para que conociéramos la gloria de Dios» (v. 6). Nosotros somos las «vasijas de barro.» El asombroso tesoro en nuestra persona es nuestra relación con Jesús y el conocimiento que tenemos de la gloria de Dios.

Philip Hughes afirma en su comentario acerca de 2 Corintios respecto a lo que él cree que Pablo estaba diciendo cuando usó las palabras «vasijas de barro» y «tesoro»:

No era inusual que los tesoros más preciosos fuesen ocultos en recipientes sin valor. En las procesiones triunfales de los romanos, también era usual que el oro y la plata se cargaran en vasijas de barro. Por eso Plutarco describe cómo, en la celebración de la victoria de Aemilius Paulus de Macedonia, en 167 a.C., tres mil hombres siguieron las carretas cargadas de monedas de plata en setecientos cincuenta vasijas, cada una con tres talentos y llevadas por cuatro hombres... Era muy posible que las intenciones [de Pablo] sugirieran aquí un cuadro del Cristo victorioso, confiando sus riquezas a las pobres vasijas de barro que eran sus seguidores humanos.[12]

Usted tiene un tesoro. A pesar del tremendo estrés de su vida, puede hallar equilibrio. Pero debe tomarse el tiempo para dejar que Jesús le ayude con la carga que está aguantando. Él le hablará cuando ore. Le comunicará la verdad cuando lea su Palabra. Y le indicará como darle prioridad a su vida.

Paz en medio de la crisis

LOS HURACANES SON TORMENTAS FURIOSAS, PODEROSAS y catastróficas que pueden moverse a velocidades superiores a los ciento cincuenta kilómetros por hora. Las olas y la lluvia que acompañan a los huracanes han inundado a muchas comunidades en las costas y destruido a miles de casas y negocios a través de los años. Sin embargo, el ojo del huracán, es calmado y aun tranquilo.

El Salmo 46 dice:

Dios es nuestro amparo y nuestra fortaleza,
    nuestra ayuda segura en momentos de angustia.
Por eso, no temeremos aunque se desmorone la tierra
    y las montañas se hundan en el fondo del mar;
aunque rujan y se encrespen sus aguas,
    y ante su furia retiemblen los montes ...

✦

Quédense quietos, reconozcan que yo soy Dios.
¡Yo seré exaltado entre las naciones!
¡Yo seré enaltecido en la tierra!

◆

El Señor Todopoderoso está con nosotros.
                                                        (Vv. 1-3, 10-11)

Cada quien tendrá tiempos de crisis. El consejero cristiano y autor H. Norman Wright dice en su libro Crisis Counseling [Orientación en las crisis] que «el sendero por la vida es una serie de crisis; unas son previsibles y esperadas, otras son totalmente sorpresivas. Algunas crisis son del desarrollo y otras de situación ... Estar vivos quiere decir que constantemente tenemos que resolver problemas. Cada situación nueva que hallamos nos da la oportunidad de desarrollar formas novedosas para usar nuestros recursos y obtener el control».[13]

Un tremendo beneficio de las situaciones críticas de la vida es que pueden forzarnos a llegar a un punto en que quebrantemos nuestra fuerza y nos lleve a depender del poder de Dios. Con frecuencia necesitamos depender totalmente de él para sustentarnos y obtener conocimiento para pasar por esos tiempos de necesidad.

Chuck Swindoll afirma:

Las crisis aplastan. Y eso, con frecuencia, refina y purifica. Uno puede estar desanimado hoy porque el estrujón aún no produce la entrega. He estado al lado de muchos que agonizan, ministrado a muchos que están tan quebrantados y magullados como para creer que el estrujón de las crisis es un fin en sí mismo. Desafortunadamente, sin embargo, casi siempre se reciben golpes brutales que luego suavizan y penetran los corazones duros. A pesar de eso algunos golpes parecen ser injustos.

Alexander Solzhenitsyn reflexionó en su injusto tiempo de presidio y dijo: «Fue solo cuando me tendí sobre la paja podrida de la prisión, que sentí en mí interior el primer impulso de bondad. Gradualmente, se me fue revelando que la línea que separa lo bueno y lo malo pasa, no a través de estados, ni por clases, tampoco por partidos políticos, sino directo a través del corazón humano. Por lo tanto, te bendigo prisión, por haber estado en mi vida.»[14]

Cuando llega una crisis sabemos que Cristo está allí con nosotros, pues él dijo: «Estaré con ustedes siempre» (Mateo 28:20). El escritor de Hebreos nos recuerda que «Dios ha dicho: "Nunca te dejaré; jamás te abandonaré"» (13:5). Tenemos una relación con el Cristo vivo y podemos ir a él, hablar con él y depender de él para que nos dé una paz única aun en tiempos de crisis.

Por años Ira Sankey tuvo la oportunidad de ser líder de oración del evangelista D.L. Moody. Durante ese tiempo, Sankey tuvo la oportunidad de hacerse amigo de Horatio Gates Spafford que escribió el conocido himno «It Is Well with My Soul» [Está bien con mi alma]. Sankey revela el sorprendente antecedente tras el significado de sus palabras.

Cuando el señor Moody y yo estábamos en plenos servicios en Edinburgh, en 1874, oímos la triste noticia de la pérdida del buque francés Ville de Havre en su retorno de América a Francia con un gran número de miembros del Consejo Ecuménico, que se reunieron en Filadelfia. A bordo el buque iba la señora Spafford con sus cuatro niños. En medio del océano ocurrió un choque con un gran barco velero, causando que el buque se hundiera en media hora. Casi todos se perdieron. La señora Spafford sacó a sus hijos de sus camarotes y los llevó a cubierta. Al ser informada que el barco pronto se hundiría, se arrodilló con sus hijos en oración, pidiéndole a Dios que los salvara a ellos si era posible; o que se resignaran a morir, si esa era su voluntad. En unos pocos minutos el barco se hundió al fondo del mar, y los niños se extraviaron. Uno de los marineros, llamado Lockurn, a quien más adelante conocí en Escocia, mientras remaba en el lugar donde el barco desapareció, descubrió a la señora Spafford flotando en el agua. Diez días más tarde aterrizó en Cardiff, Wales. Desde allí cablegrafió el mensaje a su esposo, un abogado en Chicago: «Salvada sola». El señor Spafford, que era cristiano, hizo poner el mensaje en un marco y lo colgó en su oficina. De inmediato inició su viaje a Inglaterra a traer a su esposa para Chicago. El Moody dejó sus reuniones en Edinburgh y fue a Liverpool a consolar a los acongojados padres; se sintió satisfecho al ver que ellos decían: «Está bien; hágase la voluntad de Dios».

En 1876, cuando regresamos a Chicago a trabajar, nos entretuvimos en la casa de los señores Spafford por unas cuantas semanas. Durante ese tiempo el señor Spafford escribió el himno «It Is Well with My Soul [Está bien con mi alma]» en recuerdo de la muerte de sus hijos. P.P. Bliss compuso la música y lo cantó por primera vez en una reunión en el Salón Farwell. Lo reconfortante con este incidente fue que, en una de nuestras pequeñas reuniones en Chicago del Norte, poco tiempo antes de navegar a Europa, los niños se habían convertido.[15]

A través de las páginas del tiempo, muchos han pasado por esta clase de crisis. En medio del tiempo más difícil de su vida, Horatio Spafford encontró paz, consuelo y palabras para expresar la confianza y la paz que había en su corazón.

Cuando paz como un río fluye mi camino,
Cuando penas como oleaje del mar avanzan;
Cualquiera mi suerte, tú me has enseñado a decir:
Está bien, está bien con mi alma.

La paz de Dios nos anima a ser pacificadores

JACK KUHATSCHEK, en su guía de estudio bíblico acerca de la paz, nos habla de la experiencia de un amigo.

Cierto día un hombre echó una carga de basura en un riachuelo detrás de la casa de un amigo mío. Cuando este limpiaba los escombros, notó un sobre con el nombre del hombre y su dirección. Cargó rápidamente la basura y manejó hasta la casa del individuo. En lo que este salía a su puerta frontal, mi amigo botó el montón de basura en su antepatio. El hombre se paró asombrado mientras mi amigo se retiraba en su auto riéndose.[16]

Es posible que todos hayamos tenido una experiencia similar en la que desesperadamente queríamos pagarle a alguien con un mal igual al recibido. Todos hemos sido heridos en forma verbal, emocional o física por alguien. Pero ¿nos permite eso devolver el agravio?

No, no debemos pagar mal con mal (Romanos 12:17-21), dejémoslo en las manos de Dios.

Jesús dijo: «Dichosos los que trabajan por la paz, porque serán llamados hijos de Dios» (Mateo 5:9). Puesto que pertenecemos al que creó la paz y tenemos una vida en paz, podemos volvernos pacificadores.

Leí esta anécdota que me retó.

—Dime el peso de un copo de nieve —le preguntó un gorrión a una paloma silvestre.

—Nada más que nada —fue la respuesta.

—En ese caso, te debo contar una historia maravillosa —dijo el gorrión—. Me paré en la rama de un pino, cerca del tronco, cuando comenzó a nevar, no tan fuerte como una cruda tempestad, no; igual que en un sueño, sin sonido ni violencia. Como no tenía algo mejor que hacer, me puse a contar los copos de nieve que se acumulaban en las ramitas y las agujas de mi rama. El número fue exactamente 3,741,952. Cuando cayó el copo 3,741,953, nada más que nada, como dijiste, la rama se quebró.

Dicho eso, el gorrión se fue volando.

La paloma, una autoridad en el tema desde el tiempo de Noé, pensó en la historia por un rato, y al fin se dijo a sí misma: «Tal vez solo se necesite la voz de una persona para que la paz venga al mundo.»[17]

Usted puede hacer la diferencia

QUIZÁS USTED SEA LA VOZ que puede traer la paz a un amigo con problemas. Es posible que sea el que sabe expresar una solución pacífica a una situación que está rompiendo un matrimonio o una relación entre seres queridos. Es posible que tenga usted la respuesta pacífica a una fuerte competitividad dentro de su compañía o comunidad. Si conoce al Pacificador, él producirá en usted el fruto del Espíritu que se llama paz.

Cinco ✦

Paciencia
Beneficios de la espera

N unca conocí padres que no necesitaran gran cantidad de paciencia mientras criaban a sus hijos. Los esposos y las esposas también necesitan tener paciencia entre sí. Los miembros de la familia tienen que buscar muy adentro para hallar más de esta preciosa cualidad al lidiar con los familiares ancianos. Empresarios y empleados pasan por tiempos cuando este atributo es una de las pocas cosas que les permite trabajar juntos. A pesar de que las personas con determinación y mucho trabajo pueden reunir paciencia, Dios nos ayudará a desarrollar paciencia que es más allá de lo que la mayoría creen razonable.

El pastor del Tabernáculo de Brooklyn, Jim Cymbala, habla en su obra *Viento vivo fuego fresco*, acerca de una ocasión en que necesitó con urgencia la ayuda de Dios. Chrissy, la hija de él y Carol, pese a haber crecido en un fuerte hogar cristiano, comenzó a llevar una vida insensata. Por dos años y medio se alejó de sus padres y de Dios. Jim escribe: "A medida que la situación se hacía más seria, intentaba de todo. Rogué, supliqué, regañé, discutí, traté de controlarla con dinero. Viendo al pasado, reconozco lo fatuo de mis acciones. Nada resultó; solo se endurecía más y más. Su novio era lo que no queríamos para nuestra hija."[1]

Carol se preguntaba si debían irse de Nueva York puesto que temía que sus otros hijos siguieran el mismo camino. Después de hablar con Chrissy, un pastor amigo dijo: "Jim, los aprecio a ti y a tu esposa, pero la verdad es que, Chrissy hará lo que quiere. En realidad, no hay remedio, ella tiene dieciocho años de edad. Está decidida. Tendrán que aceptar lo que decida." Lo único que Jim y Carol podían hacer era orar y tratar de mostrarle a Chrissy amor y paciencia.

El martes en la noche algo raro sucedió en la iglesia de Jim. Durante un servicio de oración, un miembro de su congregación preguntó si la iglesia podía parar todo y orar por Chrissy. A Jim le incomodó que pidieran la oración por sus propias necesidades, dado que habían tantas otras en la congregación; sin embargo, estaba desesperado. Oraron con sinceridad, y Jim sintió que algo sucedía. Sintió seguridad en su corazón. Jim escribe:

Treinta y dos horas más tarde, en la mañana de un jueves, cuando me rasuraba, Carol entró de pronto por la puerta, con sus ojos muy abiertos.

—¡Baja! —dijo en forma brusca—, ¡Chrissy está aquí!

—¿Chryssi aquí?

—¡Sí! ¡Baja!

—Pero, Carol, yo.

—Solamente baja —le urgió—, es a ti a quien busca.

Me limpié la crema de afeitar y me bajé por las escaleras con mi corazón latiendo fuertemente. Cuando llegue a la vuelta de la esquina, vi a mi hija sobre el piso, balanceándose de rodillas y con sus manos en el suelo, llorando. Mencioné su nombre cautelosamente:

—¿Chrissy?

Se aferró a mi pantalón y comenzó a derramar su angustia.

—Papi, papi, he pecado contra Dios. He pecado contra mí misma. Contra ti y mami. Perdóname, por favor.

Las lágrimas nublaron mi vista. La levanté del suelo y la sostuve mientras lloramos juntos.

De pronto se apartó.

—Papá —dijo—, ¿quién estuvo orando por mí? —su voz era como la de un abogado en un interrogatorio.

—¿Qué quieres decir Chrissy?

—El martes en la noche, papá, ¿quién oró por mí?

No dije nada, por lo que ella continuó:

—A media noche, Dios me despertó y me mostró que iba hacia un abismo. No tenía fondo, me moría del miedo. Estaba tan asustada. Me di cuenta de lo dura que fui, lo equivocada y rebelde.

"Pero al mismo tiempo, sentí como si Dios me envolvió con sus brazos y me sostuvo con fuerza. Me detuvo para que no me deslizara más mientras decía: "Todavía te amo.""

"Papá, dime la verdad, ¿quién oró por mí el martes en la noche?"

Miré sus ojos enrojecidos, y una vez más reconocí la hija que habíamos criado.[2]

Chrissy cambió. Estuvo en la universidad, donde se preparó para el ministerio y se casó con un joven destacado que llegó a ser pastor, como su suegro. No puedo decir que la paciencia cambió a Chrissy, pero ciertamente fue el amor de Dios y la decisión de ella de escuchar sus ruegos para que volviera a él. Pero no hay duda de que en medio de esa pesadilla Jim y Carol requerían una paciencia sobrenatural. Necesitaban encontrar una manera de seguir confiando y esperando, seguir creyendo y mantener la calma.

¿Ha estado usted en una situación como esa?

A través de los tiempos difíciles, ¿alguna vez ha orado: "Señor, por favor dame paciencia, en este momento"? Desarrollar paciencia requiere tiempo, y necesitamos toda la que podamos obtener.

Muchos saben lo que es conducir a casa después de un arduo día de trabajo, incorporarse a la autopista, escuchar alguna buena música, quizás hasta orar un poco y darle gracias al Señor por un buen día. De pronto alguien pasa a mucha velocidad y se mete delante de su carro (cuando no había lugar) y ve las luces de freno al aminorar la velocidad. La atmósfera pacífica de su auto pronto se hizo tibia, y pasó a caliente. Todo esto ocurrió en unos quince segundos.

¿O cuando se siente que otros lo están tratando injustamente? Como cuando el jefe le da a otro las cuentas buenas y un aumento. Ya experimentó este injusto tratamiento y ahora el jefe lo hace de nuevo. Frustrado, usted pone los papeles en su maletín y sale rápido de la oficina golpeando la puerta (para que todos en la oficina se den cuenta de lo enojado que está).

A veces la lavadora se descompone, el calentador del agua para de pronto (en medio de una ducha), una llanta se desinfla en camino a una reunión importante, los niños no dejan de gritar o alguien decide insultarle por algo que usted no hizo. Las emociones pueden cambiar con rapidez de pacíficas a furiosas, contentamiento a disgusto, positivas a negativas debido a la necesidad de paciencia. A medida que avanzamos en la vida, todos necesitamos la ayuda de Dios con nuestras emociones y la manera que escogemos para reaccionar. Gracias a Dios que nos suple todo lo que necesitamos.

La palabra griega para paciencia es *macrothumia*, que es una combinación de dos términos, *macro* que significa "largo" y *thumos* que significa "temperamento", y específicamente apunta a la idea de enojo, tomando un muy largo tiempo en forjarse antes de ser expresado. Siempre que cuando se exprese esté bajo control.

Algunas personas tienen "mal humor", lo que quiere decir que pierden la paciencia muy rápido y se enojan. Muy pocas cosas en la vida son más desagradables o devastadoras que ser receptor del mal humor o enojo incontrolado de otro. Casi nunca se puede hacer mucho para persuadir a esa clase de personas para que se "calmen". Parece que cuanto más tratamos de hacerlo, más furiosos se ponen.

Otros son capaces de controlar su temperamento y son pacientes con los demás. Aun cuando tienen la habilidad, y posiblemente el derecho, de reaccionar verbalmente, practican el control. Estas son la clase de personas *macrothumicas*. Paciencia, entonces, es una palabra que significa lo opuesto al enojo inapropiado.

Gordon Fee escribe en su libro *God's Empowering Presence* [La presencia habilitadora de Dios] que *macrothumia*

> siempre se usa en el contexto que involucra la tolerancia de uno hacia otros ... Por lo que el "largo sufrimiento" tiene que ver con la extensa tolerancia hacia los que se oponen a uno o lo angustian en cierta forma. En ninguna otra parte Pablo atribuye tal tolerancia directamente al trabajo con el Espíritu; pero su apariencia aquí enseña que Espíritu habilitador no es solo para gozo y milagros sino para el tan necesitado "aguantar a" esos que necesitan un amor que requiere mucho tiempo, paciencia y bondad.[3]

Creo que Dios tenía un propósito al dirigir a Pablo a que enumerara el fruto del Espíritu en cierto orden en Gálatas 5:22-23. Si tenemos amor, gozo y paz en nuestras vidas, la paciencia también estará presente. Todo el fruto se desarrolla pasando de uno a otro, y todos comienzan con amor. J.I. Packer escribió en *Knowing and Doing the Will of God* [Conocer y hacer la voluntad de Dios]:

El amor es como la reacción de Cristo con la malicia de las personas.

El gozo es como la reacción de Cristo a las circunstancias deprimentes.

La paz es como la reacción de Cristo a los problemas, amenazas y provocaciones a la ansiedad.

La paciencia es como la reacción de Cristo hacia todo lo que es exasperante.

La bondad es como la reacción de Cristo ante todos los que no son bondadosos.

La amabilidad es como la reacción de Cristo con la gente mala y de mal comportamiento.

La lealtad y la ternura son como las reacciones de Cristo ante las mentiras y la furia.

El autocontrol es como la reacción de Cristo ante cada situación que lo induce a perder su calma y a atacar.[4]

Por lo tanto mucho del fruto del Espíritu tiene que ver con nuestra reacción hacia las personas y nuestras circunstancias en la vida. El fruto nos ayuda a escoger lo que debemos hacer en situaciones en que las personas parecen no actuar como nos gustaría que lo hicieran.

Cuando somos pacientes no tomamos represalias con rapidez, "no devolvemos igual por igual" ni tomamos venganza. La paciencia es contenerse en el rostro de la provocación. No castiga en el momento, pero piensa antes de responder, y si responde, lo hace apropiadamente. Las personas que permiten que este fruto crezca en sus vidas son capaces de "domina la situación allí mismo", de no entregarse a circunstancias o desistir cuando están pasando por pruebas.

Dios es paciente con nosotros

NADIE ES MÁS paciente con nosotros que Dios. Con frecuencia medito en su amor y paciencia conmigo. Es difícil imaginarse la profundidad de la paciencia divina, en un mundo en el que las personas, en forma abrumadora, son impacientes con otros y con sus circunstancias. La Biblia nos dice: "[Dios] tiene paciencia con ustedes" (2 Pedro 3:9). Dios también es paciente con los que le importan a usted, por lo tanto, lo es con todos.

Cuando los israelitas confesaron sus pecados ante Dios y reconocieron su grandeza, el profeta Esdras oró:

Solo tú eres el SEÑOR. Tú has hecho los cielos, y los cielos de los cielos con todas sus estrellas. Tú le das vida a todo lo creado: la tierra y el mar con todo lo que hay en ellos.

¡Por eso te adoran los ejércitos del cielo!

Tú, Señor y Dios, fuiste quien escogió a Abram. Tú lo sacaste de Ur de los caldeos y le pusiste por nombre Abram.

Descubriste en él un corazón fiel, por eso hiciste con él un pacto ... Y cumpliste tu palabra porque eres justo.

En Egipto viste la aflicción de nuestros padres; junto al Mar Rojo escuchaste su lamento ...

A la vista de ellos abriste el mar, y lo cruzaron sobre terreno seco. Pero arrojaste a sus perseguidores en lo más profundo del mar, como piedra en aguas caudalosas. Con una columna de nube los guiaste por el día, con una columna de fuego los guiaste de noche; les alumbraste el camino que debían seguir.

Descendiste al monte Sinaí; desde el cielo les hablaste. Les diste juicios rectos y leyes verdaderas, estatutos y mandamientos buenos ... Saciaste su hambre con pan del cielo; calmaste su sed con agua de la roca ...

Pero ellos y nuestros padres fueron altivos; no quisieron obedecer tus mandamientos. Se negaron a escucharte; no se acordaron de las maravillas que hiciste por ellos. Fue tanta su terquedad y rebeldía que hasta se nombraron un jefe para que los hiciera volver a la esclavitud de Egipto. Pero tú no los abandonaste porque eres Dios perdonador, clemente y compasivo, lento para la ira y grande en amor ...

Tú no los abandonaste en el desierto porque eres muy compasivo ... Cuarenta años los sustentaste ...

¡Disfrutaron de tu gran bondad! ...

Pero en cuanto eran liberados, volvían a hacer lo que te ofende ...

Por años les tuviste paciencia ... Sin embargo, es tal tu compasión que no los destruiste ni abandonaste, porque eres Dios clemente y compasivo (Nehemías 9:6-9, 11-13, 15-17, 19, 21, 25, 28, 30-31).

A través de las Escrituras vemos a Dios expresando paciencia con las personas. En su vida, matrimonio, tentación o necesidad, no crea ni por un momento que Dios se rindió con usted. Aunque usted sea duro y fuerte en apariencias. Dios sabe que hay un clamor silente por su ayuda. Si usted se rindió, Dios no. Si siente que está sin fuerzas para seguir luchando, Dios se les dará aunque no las espere. Si continuamente trata de parar un hábito y se le acabó la voluntad, Dios le puede dar una nueva determinación. Aunque necesite susurrar: "Dios necesito tu ayuda", él oirá como si lo gritara. Dios nunca lo abandonará; no se aparte de él.

Podemos crecer con paciencia

EN SU LIBRO *The Life You've Always Wanted* [La vida que siempre quiso], John Ortberg recuerda algunos consejos que un amigo le dio.

No mucho tiempo después de mudarme a Chicago, llamé a un sabio amigo para pedirle consejo espiritual. Le describí el ritmo en que las cosas tendían a moverse en mi posición de ese momento. También el de mi familia y la condición de mi corazón, de la mejor manera que pude.

—¿Qué debo hacer —le pregunté—, para estar espiritualmente saludable?

Hubo una pausa prolongada.

—Debes eliminar sin piedad la ligereza en tu vida —dijo al fin. Y se repitió la pausa prolongada.

—Bueno, ya lo anoté —le dije algo impaciente—. Es un buen punto. Y ahora ¿qué más? —tenía varias cosas que hacer, y esto era una conversación de larga distancia, por lo que estaba ansioso por reunir la mayor cantidad de consejos espirituales en el mínimo tiempo posible.

Otra larga pausa.

—Nada más —respondió.

Mi amigo es el mentor más inteligente que he conocido. Y aunque no sabe todos los detalles respecto a cada puntito de pecado en mi vida, sabe bastante. Y de una inmensa aljaba de sagacidad espiritual, solo sacó una flecha. "No hay nada más", dijo, "debes eliminar, sin piedad, la ligereza de tu vida".[5]

Ortberg luego comenta: "Imagínese por un momento que alguien le dio esta prescripción, con el aviso de que su vida depende de ella. Considere la posibilidad de que eso es cierto. La ligereza es el gran enemigo de la vida espiritual en nuestro día. Ella puede destruir nuestras almas. Nos puede privar de vivir bien. Como Carl Jung escribió: "La ligereza no es del diablo; es el diablo.""[6]

Creo que la mayoría de nosotros podemos relacionarnos con el dilema de Ortberg. ¿Cómo avanzar más despacio, marcar el paso o controlar la tiranía de lo urgente? Si no tenemos cuidado, el enemigo de nuestras almas nos puede robar la paz mientras corremos a través de la vida. Con frecuencia somos culpables de lo que los sicólogos llaman "actividad polifacética", o hacer varias cosas a la vez. Conduciendo el auto hacia el trabajo hablamos por teléfono, tomamos café, comemos pan, revisamos nuestra agenda y oímos las noticias del radio. Mientras pretendemos oír a nuestro esposo(a) o a los hijos, vemos las noticias, cenamos, leemos el periódico y tratamos de calmarnos después de un día lleno de actividades. Con razón el estrés, la depresión y la ansiedad son los problemas mentales principales en la actualidad.

Dios no está apresurado, él tiene todo bajo control. Ni anda en forma frenética apresurándose nervioso tratando de lograr sus metas. Él es paciente con nosotros y esa paciencia puede ser un factor controlador en nuestras vidas también. La paciencia se desarrolla naturalmente a medida que crecemos en Cristo y dependemos del Espíritu Santo, porque somos parte del que es la paciencia.

Puesto que evitamos el pecado y con sinceridad deseamos ser guiados por el Espíritu, experimentaremos un aumento constante de nuestra paciencia. Nos enojaremos menos y tendremos más control de lo que expresamos. Nuestra vida parecerá más quieta. Cuando necesitemos responder con aseveración o confrontar en forma apropiada a alguien, tendremos el control. El Espíritu Santo nos ayudará con la percepción del tiempo necesario para determinar cuando (o si) necesitamos decir o hacer algo. Esta madurez no llega de la noche a la mañana; Dios nos ayudará a desarrollar nuevos hábitos a medida que crecemos en nuestra relación con él.

Cuando las personas son impacientes o se enojan, pueden escoger lidiar con su enojo en cualquiera de muchas formas. Unos lo *reprimen*. A la larga, esto puede causar amargura, angustia, resentimiento y hasta problemas físicos. Otros lo *suprimen* siendo sarcásticos o proyectando sentimientos negativos o enojo hacia otra persona u objeto. Algunos lo *expresan* en una forma negativa con reacciones violentas, arranques de cólera, explosión incontrolada, abuso verbal, venganza o algo peor. Estas formas negativas de expresar enojo solo hieren a otros tanto como a la persona enojada.

De acuerdo con Prensa Asociada, en 1994 los salones de emergencia de los hospitales en los Estados Unidos atendieron a 1.4 millón de víctimas de violencia o sospechosos de ello. El Departamento de Justicia analizó la información y reportó en 1997 que aproximadamente la mitad de estas víctimas fueron golpeadas por personas que conocían. Diecisiete por ciento fueron heridas por sus esposos, ex esposos o un novio o novia. Familiares como un padre, una madre o un niño golpeado, reflejaron un ocho por ciento de las víctimas. Los amigos o conocidos que golpean a sus víctimas están en un veintitrés por ciento.[7]

Los accidentes producto de la "ira de la calle", esos crímenes horribles en los que alguien se enoja en el tráfico y atenta contra otro chofer, están aumentando en todo el país. Una historia reciente en el *Philadelfia Daily News* afirma que conducir con agresividad es el motivo de la mitad de los accidentes citadinos. Una encuesta acerca de los accidentes durante los años 1990 mostró que las primeras cuatro razones de ello no eran el descuido sino la agresividad: el cruce de las luces rojas del semáforo, conducir pegados al otro auto, giros incorrectos y falta de atención a los vehículos estacionados. Los conductores agresivos, concluyó el periódico, matan dos o cuatro veces más personas que los borrachos.[8]

Entre el primero de enero de 1990 y septiembre de 1996, un total de 12,828 personas fueron lesionadas o muertas como resultado de conducir con agresividad, incluidos noventa y cuatro niños menores de quince años de edad.[9]

Nos hemos acostumbrado a escuchar respecto a personas descontroladas en los noticieros vespertinos. Pero Dios tiene una forma mejor para que lidiemos con nuestras decepciones, frustraciones y dificultades. Una manera saludable de tratar el enojo es expresarlo positivamente. Hable del problema y dé pasos prácticos para prevenir más conflictos en el futuro. Dé una larga caminata, juegue tenis, cuente hasta cien (o hasta mil), haga algo para retirarse de la situación por un tiempo. Muchos encuentran que escribir también alivia porque pueden expresar su enojo sobre el papel. Escribir reduce la presión emocional, y lo que escribimos no tenemos que enseñárselo a nadie.

Otra forma positiva de lidiar con el enojo es confesarle a Dios que está enojado y pedirle soluciones al problema. Admita que él guíe sus esfuerzos para entender a la persona y descubra las formas de reconciliarse con él o ella.

La impaciencia y el enojo destructivo son en gran parte una reacción aprendida; sin embargo, puede ser remplazada con otra cariñosa y apropiada que esté bajo el control del Espíritu Santo. Proverbios nos dice: "El que es iracundo provoca contiendas; el que es paciente las apacigua" (15:18). Y Pablo nos recuerda que "sean pacientes con todos" (1 Tesalonicenses 5:14).

La impaciencia llega, a veces, debido a falta de metas u objetivos inadecuados

AUNQUE NO PODEMOS DEPENDER de las emociones para estar de buen ánimo todos los días ni basar nuestros compromisos en cómo *nos sentimos*, debemos estar atentos a ellas, pues son un regalo de Dios. Si sentimos ansiedad, enojo o luchamos contra la depresión, puede deberse a que tenemos metas poco sabias en nuestras vidas. Cualquier meta que pueda ser bloqueada por fuerzas ajenas a su control, no es saludable, ya que el éxito que usted desea al intentar alcanzarla está lejos de sus manos. Se convierte en una receta para el estrés.

Algunos somos perfeccionistas, y simplemente no podemos pensar hasta que el proyecto termina o la meta se logra a la perfección. Los perfeccionistas tienden a creer que siempre tienen el derecho de lograr sus mayores metas. Las normas extremadamente altas los controlan y se sienten insatisfechos con cualquier logro menor. Cuando no alcanzan los niveles que se proponen, con frecuencia se enojan consigo mismos o con alguien más. El trabajo arduo y diligente son buenas cualidades; no obstante, si somos perfeccionistas, sentiremos frustración, insatisfacción e impaciencia porque siempre hay más que hacer. Necesitamos hallar un punto concluyente en nuestros esfuerzos para hacer un trabajo excelente.

Para los que se aferran constantemente a sus *derechos*, se me ocurre esta definición: "La paciencia es una excelente y consciente defensa contra las frecuentes frustraciones menores de la vida. Los individuos inmaduros y egoístas que se autoconceden diversos derechos casi siempre están llenos de enojo, ya que muchos de esos derechos son violados. Desistir de esos derechos ante Dios y esperar menos cosas para ser perfectos resultará en paciencia, más humildad, menos enojo y mayor gozo en la vida."[10]

Nuestras metas pueden ser buenas, por ejemplo, criar a nuestros hijos para que maduren y sean creyentes y prósperos líderes. Aunque oremos y trabajemos mucho para animarlos, influirlos, educarlos y ayudarlos en toda forma posible, cuando sean adultos tomarán sus propias decisiones. Si deciden desarrollar sus vidas alejándose de las maneras en que lo hicimos con ellos, podemos terminar culpándonos a nosotros mismos, a otros y hasta a Dios. Sencillamente no podemos controlar las circunstancias o las personas ajenas. Aunque podamos controlar algunos factores, las personas siempre harán lo que quieran.

Las emociones como el enojo, la ansiedad y la depresión casi siempre llegan porque algo no va como queremos. ¿Qué hacemos? Alguien dijo: "Haga lo mejor que pueda y confíe en Dios con el resto." Podemos tener deseos maravillosos y loables y trabajar duro para lograrlos, pero si no los alcanzamos debemos dejarlos en las manos de Dios. Aquí es que la paciencia es necesaria. Necesitamos encontrar un lugar de descanso y confiar en Dios para que haga su voluntad perfecta.

Tenemos que ser pacientes con los demás

AUNQUE MOISÉS SABÍA que Dios era paciente, como un líder, él se molestaba a veces con los israelitas por su desobediencia a Dios o su falta de confianza en él. Por lo que este se enojaba con ellos, cuando se quejaban de las provisiones de Dios y dejaban de confiar en él (Números 20:10-11). De manera que cuando Dios le dijo a Moisés que le hablara a la roca para obtener agua para la gente, este le pegó a la roca con ira. Su impaciencia hizo que desobedeciera a Dios, y por eso, no se le permitió entrar a la tierra prometida con los israelitas. Moisés era normalmente una persona paciente, pero aun la gente paciente tiene límites. Todos necesitamos la asistencia sobrenatural de Dios en este aspecto, porque tarde o temprano llegaremos a nuestro límite con alguien o algo.

Es importante ver a los demás como Jesús los ve. Es probable que nos preguntemos:

¿Por qué actúan en esa manera? Puede ser debido a un dolor tremendo o alguna pérdida.

¿Por qué parecen tan arrogantes, distantes o poco dispuestos a desarrollar una amistad? Puede que se estén protegiendo contra el rechazo.

¿Por qué sus corazones parecen endurecerse respecto a las cosas de Dios? Puede que sufran una pérdida irreparable y culpen a Dios.

El Espíritu Santo puede usar nuestra paciencia y nuestra comprensión para ayudar a otros. William Law escribió:

Podemos tomar como una regla que, cuanto más se manifieste en nosotros la naturaleza divina y la vida de Jesús y más alto sea nuestro sentido de rectitud y virtud, más debemos compadecernos y amar a los que sufren ceguera, enfermedad y muerte pecaminosas. Ver a tal clase de personas, en vez de alentar en nosotros un desprecio arrogante o indignación por los que parecen "más santos que los demás", nos llenará de ternura y compasión, como cuando vemos las miserias de una enfermedad terrible.[11]

La única forma en que podemos ser pacientes con los demás es viéndolos a través de los ojos de Jesús. Observar las maneras devastadoras, horribles, descorteses y malvadas en que algunas personas tratan a otras casi siempre nos endurece el corazón. Cristo ve con claridad a través de las apariencias y comprende sus necesidades.

Los cónyuges deben ser pacientes entre sí

Pablo instruye a los esposos a que no sean rudos con sus esposas y que las amen como Cristo ama a la iglesia (Colosenses 3:19). Pedro los anima a que consideren las necesidades de ellas: "Así nada estorbará las oraciones de ustedes" (1 Pedro 3:7). "Esposas sométanse a sus propios esposos ... la esposa respete a su esposo" (Efesios 5:22,33; Colosenses 3:18).

Todas estas instrucciones para la relación marital requieren paciencia. Una de las razones por la que los hombres son severos es la impaciencia. Cuando las cosas no suceden como el hombre piensa, o no se mueven rápido, es probable que se impaciente y sea un poco cruel. Si el esposo quiere ser comprensivo, debe escuchar y dedicar tiempo a percatarse de las necesidades de su esposa.

La esposa necesita paciencia para respetar a su esposo y someterse al papel de él en la familia. Necesita paciencia con él a medida que este madura, se hace más sensible a las necesidades de ella, adquiere conocimiento y habilidad como padre, desarrolla conocimiento en su carrera, y más que nada, se convierte en cristiano. Someterse al papel asignado por Dios es una demostración de confianza en la voluntad y plan divinos para la familia ideal. La relación del matrimonio en sí, virtualmente en todas las áreas (desde finanzas a la disciplina de los hijos), requiere paciencia y compromiso.

Criar a los hijos requiere tremenda paciencia

¡Por lo general nos percatamos de esto después que están en nuestras casas por pocos días! James Dobson escribió en su excelente obra *Tener hijos no es para cobardes*

> Una cosa es clara para mí: Los científicos del comportamiento son muy simplistas en sus explicaciones acerca de la conducta humana. Somos más que el conjunto de nuestras experiencias. Más que la calidad de nuestra nutrición. Más que nuestra herencia genética. Más que bioquímica. Y definitivamente, más que la influencia de nuestros padres. Dios nos creó como individuos únicos, capaces de pensar como individuos y racionalmente, lo cual no es atribuible a ningún antecedente. Eso es lo que hace a la paternidad una labor tan retadora y gratificante. Ya cuando uno cree que moldeó a los hijos, ¡es mejor que nos preparemos! Algo nuevo viene en camino.[12]

Los padres necesitan saber cómo disciplinar a sus hijos en una forma apropiada, y cómo ser pacientes con ellos, o pueden abrumar a sus hijos con frustraciones. Pablo instruye: "Padres, no exasperen a sus hijos, no sea que se desanimen" (Colosenses 3:21). Algunos padres son impacientes y poco entienden cómo se sienten sus hijos. A veces los obligan a madurar muy rápido o a hallar su "lugar en la vida" muy temprano. Con frecuencia, los empujan, les exigen y los tratan injustamente, provocándoles enojo y rebeldía. De nuevo Pablo instruye a los padres a que "no hagan enojar a sus hijos" (Efesios 6:4).

Hay que ser paciente con las personas que no conocen a Cristo

El fruto de la paciencia no solo es aplicable al modo en que se trata a los cristianos, sino a las personas en general. Los que trabajan con usted, viven cerca o lo ven en público, deben ver el atributo de la paciencia ejemplificado en su vida. Su paciencia lo hará verse diferente a los que no conocen a Cristo. Los inconversos querrán conocer como desarrolló esa cualidad. Si Dios es paciente con los que no lo conocen, "queriendo que ninguno perezca", también podemos serlo nosotros.

Tenemos que ser pacientes con nosotros mismos

Me gusta el consejo de San Francisco de Sales: "Tengan paciencia con todo, pero principalmente con ustedes mismos. No se desanimen considerando sus imperfecciones, remédienlas al instante: cada día comienza la tarea de nuevo."[13]

Pablo escribió: "Hermanos, no pienso que yo mismo lo haya logrado ya. Más bien, una cosa hago: olvidando lo que queda atrás y esforzándome por alcanzar lo que está delante, sigo avanzando hacia la meta para ganar el premio que Dios ofrece mediante su llamamiento celestial en Cristo Jesús" (Filipenses 3:13-14). Necesitamos determinación para mantenernos enfocados en lo eterno, porque las distracciones diarias, las tentaciones, preocupaciones, riquezas y deseos malos pueden paralizar nuestro compromiso para continuar creciendo en Cristo. No dejar atrás los errores pasados, fracasos y pecados puede convertirse en un peso innecesario que nos preocupe persistentemente. Necesitamos acudir a Cristo cada día para buscar su voluntad, pedirle perdón por los pecados y optar por glorificarlo en todo lo que digamos y hagamos.

En su obra clásica, *La Imitación de Cristo*, Tomás de Kempis escribió:

> La paciencia es necesaria en esta vida porque mucho de la vida tiene adversidad. No importa cuán duro lo tratemos, nuestras vidas nunca estarán libres de conflictos y dolor. Por tanto, no deberíamos esforzarnos por conseguir una paz que carezca de tentación, o una vida que no sienta adversidad. La paz no se halla escapando a las tentaciones, sino siendo probados por ellas. Descubriremos la paz una vez que pasemos, y seamos probados, por el tribunal de la tentación.[14]

Todos estamos en un estado de crecimiento; nadie ha llegado al último nivel. No obstante el crecimiento requiere disciplina y compromiso. Debemos aprender a mantener nuestros ojos fijos en Jesús y en nuestro premio eterno. Si su pasado le preocupa, decida actuar y hablar en forma diferente, hoy mismo.

La paciencia es algo que podemos utilizar provechosamente. El Espíritu Santo que mora en nosotros desea desarrollar la misma clase de paciencia que Dios tiene. La misma e increíble paciencia que él tiene con nosotros, es la que quiere que tengamos con los demás. Por lo que no puede ser independiente del amor. Es una obra sobrenatural que opera su Espíritu cuando tratamos de entender por qué las personas actúan como lo hacen y por qué respondemos a su comportamiento con amor y verdad, en el momento correcto, en vez de hacerlo con premura y aun ira incontrolable. Caminar en el Espíritu demuestra que escuchamos a Dios y seguimos sus instrucciones a medida que enfrentamos los retos diarios. Cuando caminamos coherentemente en el Espíritu de Dios, el carácter divino hallará expresión en nuestras vidas.

El capellán del Senado, Lloyd Ogilvie, escribe:

> Quizás nuestro problema con la impaciencia es que entendemos mal la paciencia. Esta no es conformidad, tranquilidad perpetua ni debilidad de carácter. La paciencia debe estar enraizada en la confianza bien cimentada de que alguien controla el univer-

so, el mundo y nuestra vida. Necesitamos saber que Dios hace las cosas bien para aquellos que lo aman. La persona paciente conoce la brevedad del tiempo y lo extenso de la eternidad. La paciencia, en realidad, es fe en acción. Con razón la llaman uno de los frutos del Espíritu. Es una de las características sin igual del mismo Cristo. Si queremos ser pacientes, solo él nos puede enseñar. Hay muchas imitaciones de esta virtud, pero la paciencia auténtica resulta de nuestra profunda relación personal con Cristo.[15]

SEIS ✦

Amabilidad
CÓMO ALCANZAR A OTROS

Roberto De Vincenzo, gran jugador de golf argentino, cierta vez ganó un torneo; después de recibir el cheque y sonreír ante las cámaras, se dirigió al club y se preparó para irse. Caminó solo, hacia su carro en el estacionamiento, cuando se le acercó una joven. Esta lo felicitó por su victoria y le dijo que su hijo estaba muy enfermo, estaba muriéndose. No sabía cómo pagaría las cuentas de los médicos y del hospital.

De Vincenzo se conmovió por su historia y sacando una pluma endosó el cheque premiado a la mujer. "Proporciónele algunos días buenos al niño", le dijo poniendo el dinero en la mano de ella.

La siguiente semana estaba almorzando en un club cuando un oficial de la Asociación de Golf Profesional llegó a su mesa.

—Uno de los muchachos me dijo que la semana pasada conoció a una joven en el estacionamiento después de ganar el torneo.

De Vincenzo afirmó moviendo la cabeza.

—Bueno —dijo el oficial—, le tengo noticias. Es una farsante. No tiene un niño enfermo. Ni siquiera es casada. Mi amigo, lo robó.

—¿Quiere decir que no hay un niño muriéndose? —preguntó De Vincenzo.

—Correcto —contestó el oficial.

—Esas son las mejores noticias que he oído en toda la semana—respondió De Vincenzo.[1]

Aunque esta historia no se refiere al tratamiento cristiano de una persona necesitada, muestra la clase de actitud que los cristianos deberían tener. Debemos interesarnos en el bienestar de los demás y hacer todo lo que podamos para ser amables con ellos aun cuando se aprovechen de nosotros. El hecho de que tengamos potencial para que las personas nos usen o sean deshonestas con nosotros, no debe impedirnos actuar con amabilidad. Debemos ver más que el fondo del potencial manipulable o engaño. Debemos ver su necesidad. Inclusive respecto a nuestros enemigos, Jesús dijo: "Ustedes, por el contrario, amen a sus enemigos, háganles bien y denles prestado sin esperar nada a cambio. Así tendrán una gran recompensa y serán hijos del Altísimo, porque él es amable con los ingratos y malvados" (Lucas 6:35-36).

Dios es amable. Él dijo, a través de Jeremías: " Yo soy el Señor, que actuó en la tierra con amor" (Jeremías 9:24). El salmista expresó: "Tú señor, eres bueno y perdonador" (Salmo 86:5). Lucas nos dice que los que imitan a Dios siendo buenos con los ingratos y malvados "serán hijos del Altísimo" (Lucas 6:35).

La amabilidad de Dios con los pecadores está diseñada para llevarlos al arrepentimiento (Romanos 2:4). Su amabilidad con creyentes debe animarnos a continuar en ese mismo sentir (Romanos 11:22) al tratar a otros como él nos trata (Efesios 4:32), porque el amor no solo es paciente, es amable (1 Corintios 13:4).

A Hudson Taylor, famoso misionero en China y fundador de Misión al Interior de China, le pidieron que fuera a la casa de una mujer muy pobre a orar porque estaba enferma. En ese tiempo otras religiones cobraban dinero a las personas por ese servicio, pero la familia de esta mujer sabía que Hudson no cobraría. Cuando comenzó a orar por ella, él se sintió incómodo porque tenía una moneda en su bolsillo que sabía le ayudaría a ella en su pobreza. Titubeó al ponerse de rodillas, pensando que le debía dar la moneda. Pero pensó que tenía suficiente comida en su propia casa para dos ocasiones. Él también necesitaba el dinero. Como la convicción no se alejaba, decidió darle a la mujer la moneda. Mientras se arrodillaba en oración para aliviarse sintió gran libertad y ánimo.[2] El ejemplo de Taylor nos enseña que pocas veces debemos reprimir el impulso de ser amables.

El fruto del Espíritu es más que una actitud o una característica que deseamos; es evidencia de que el Espíritu Santo vive en nosotros. Algunas personas piensan que el Espíritu Santo es místico, escalofriante o inaccesible, pero estas no son percepciones objetivas. El Espíritu

Santo es amor, gozo, paz, paciencia, bondad, amabilidad, lealtad, ternura y autocontrol. Es muy accesible y desea que lo escuchemos, seamos como él y caminemos en él. El propósito de Dios al tener al Espíritu Santo viviendo dentro de los creyentes es que podamos depender de él para dirigir nuestras vidas e ilustrar su personalidad ante los demás.

La palabra griega para amabilidad es *chrestos*. Jack Hayford describe esta porción del fruto del Espíritu Santo como "amabilidad en acción, disposición dulce, ternura al lidiar con otros, benevolencia, amabilidad y afabilidad. La palabra describe la habilidad de actuar por el bienestar de los que le agotan la paciencia. El Espíritu Santo remueve las cualidades ásperas del carácter del que está bajo su control".[3]

Mientras transcurre su día, ¿le preocupa oír la voz del Espíritu Santo cuando le insta a ser bueno con los miembros de su familia, vecinos, compañeros de trabajo y todos sus relacionados? Como cristianos debemos ser conocidos cual personas *chrestos*. Los que nos conocen deben poder testificar que somos buenos.

Una parábola acerca de la amabilidad

EN EL RELATO DE JESÚS acerca del buen samaritano, él señala tres características respecto a la amabilidad: es compasiva, actúa y es poderosa.

> Bajaba un hombre de Jerusalén a Jericó, y cayó en manos de unos ladrones. Le quitaron la ropa, lo golpearon y se fueron, dejándolo medio muerto. Resulta que viajaba por el mismo camino un sacerdote quien, al verlo, se desvió y siguió de largo. Así también llegó a aquel lugar un levita, y al verlo, se desvió y siguió de largo. Pero un samaritano que iba de viaje llegó a donde estaba el hombre y, viéndolo, se compadeció de él. Se acercó, le curó las heridas con vino y aceite, y se las vendó. Luego lo montó sobre su propia cabalgadura, lo llevó a un alojamiento y lo cuidó. Al siguiente día sacó dos monedas de plata y se las dio al dueño del alojamiento. "Cuídemelo" —le dijo— y lo que gaste usted de más, se lo pagaré cuando yo vuelva" (Lucas 10:30-35).

La amabilidad está llena de compasión

En mi camino (Wayde) hacia la oficina durante la hora de tránsito más pesada observé un Ford Pinto con una llanta desinflada parqueado a la orilla de la autopista. Una mujer estaba parada viendo su llanta frustrada mientras varios niños pequeños estaban sentados dentro del auto. La pasé obviando su dilema, pero al instante pensé en el peligro potencial de su situación. Tenía mi horario de trabajo muy apretado, pero medité que alguien tenía que ayudarla. Me dirigí a la orilla con rapidez y con cuidado retrocedí mi carro hacia el de ella. Estaba nerviosa, a punto de llorar y temerosa del pesado tráfico.

Le pregunté si le podía cambiar la llanta. Ella me dijo: "¿Lo haría usted?, por favor. No sé cómo funciona todo esto."

Así que le dije: "Saquemos a los niños del auto al césped."

Tomó unos diez minutos hacer el trabajo. Con gratitud montó a los niños de nuevo en el carro y se fue. Esa semana, durante un tiempo breve de testimonio en el estudio bíblico de los miércoles por la noche en la iglesia, vi que la dama a la que ayudé se levantó para dar gracias a Dios por un hombre que le había cambiado la llanta de su auto. Sintió que Dios había contestado su plegaria.

¿Cómo respondemos cuando vemos a personas con necesidad? Como cristianos debemos estar llenos de compasión *amable*, una emoción que nos conmueve hasta al propio fondo de nuestro ser. Simplemente, a una persona amable le importan los demás.

El samaritano "vio" al hombre herido. Esta parábola es una ilustración acerca de la manera en que Jesús ve a las personas. En medio de un tumulto de gente hambrienta, cansada, Jesús oyó el quejido de un leproso (Marcos 1:41). Al observar a una ciudad atareada, llena de personas que iban en mil direcciones, las vio como acosadas, ovejas indefensas, sin pastor que las cuidara, y sintió compasión por ellas (Mateo 9:36). Cuando vio la procesión del funeral del hijo de la viuda de Naín, se conmovió por su tremendo dolor (Lucas 7:13). Jesús no estaba desvinculado ni distante, no era indiferente al dolor que veía en la vida de su gente. Las personas no eran un estorbo, una necedad o molestia para él; al contrario, veía sus necesidades como una oportunidad para ayudar.

Eusebio escribe de Jesús con las mismas palabras (intencional-mente o no, no lo sabemos) empleadas para describir a Hipócrates, el creador de la medicina griega: "Era como el médico excelente quien, para curar a los enfermos, examina lo repulsivo, trata las llagas y experimenta dolor con el sufrimiento de otros. Jesús nunca vio al sufrido con indiferencia, ni mucho menos con aborrecimiento y asco. Consideraba al sufrido y el necesitado con compasión, la que sumi-nistraba en ayuda."[4]

Quizás haya pensado cómo algunos pueden conocer las increíbles necesidades del prójimo y ver a otro lado. La respuesta es que podemos escoger no sentir, antes que ser compasivos. En el tiempo en que Jesús contó el relato del buen samaritano, los estoicos eran los pensadores supremos de la época. Una de sus ideas era que debían ser cuidadosos en cuanto hasta qué punto sentir el dolor de otro. Enseñaban que si un hombre podía "sentir pena o alegría, quería decir que otro también podría traerle pena o alegría. O sea, significa que alguien más puede afectarle. Ahora, si ese alguien puede afectar-le, alterar sus sentimientos, hacerle feliz o triste, quiere decir que esa persona tiene poderes sobre él, y es por lo tanto, al menos momen-táneamente, más grande que él."[5]

Esto me recuerda a un fariseo del siglo veintiuno que explicó por qué los cristianos se enfermaban. Usó la siguiente ilustración:

> Supóngase que un vendedor llega a su puerta con una bolsa de cascabeles. Si usted es suficientemente ingenuo como para dejar-lo entrar, no se queje si lo muerden. En la misma forma, "esta per-sona asevera", el diablo llega a su puerta con una bolsa de enfer-medades e infortunios. Si no tiene suficiente fe o si hay pecado en su vida, usted lo deja entrar con lo que trae. ¿Por qué, entonces, tiene alguien que ser amable con usted que no tiene fe?[6]

Este fariseo probablemente lo dejaría tendido a la orilla del camino y hasta le daría un sermón respecto a su pedido de ayuda.

También me recuerda al esposo que no ayuda a la esposa cuando necesita consejo y apoyo en cuanto a una decisión "mala" que tomó, y a la esposa que no ayuda ni anima a su cónyuge cuando lo desani-ma algo en su carrera. Es malo pensar en esa forma, y simplemente no es así como Dios trata a sus hijos. Él nos ayuda aun cuando nos acarreamos problemas nosotros mismos. Igualmente debemos hacer.

En una novedosa investigación, a un grupo de estudiantes del Seminario Teológico de Princeton se le pidió que prepararan un discurso breve o conferencia que dictarían en otro edificio del mismo campo universitario. A algunos de los estudiantes se les asignó la parábola del buen samaritano; otros tenían que hablar acerca de las vocaciones de los que van a los seminarios. El tiempo de preparación era corto, algunos estudiantes tenían solo los pocos minutos que les consumía dirigirse de un edificio a otro para decidir lo que dirían. A otros se les dio un poco más de tiempo antes de hacer su presentación. Los investigadores (Darley y Batson, 1973) usaron la ruta entre los edificios como su propia versión del camino de Jerusalén a Jericó. En ese camino colocaron a una persona harapienta, encorvada, con sus ojos cerrados, tosiendo y quejándose. ¿Cuáles seminaristas ayudarían a la presunta "víctima"? ¿Era eso diferente al tema que estaba por dictar? ¿Sería un factor importante la limitación de tiempo?

Los resultados mostraron que la actitud de ellos no difería del tema que iban a tratar. "En efecto, varias veces, los estudiantes que debían atravesar aquel camino para dar su conferencia acerca de la parábola del buen samaritano, literalmente pasaron por encima de la víctima en su rápido tránsito. El tiempo que tenían, sin embargo, era importante. A los que se les dijo que ya estaban tarde, estaban significativamente menos dispuestos a ofrecer ayuda, que los que no fueron apresurados."[7]

En esta parábola, ¿quién dijo Jesús que atendió al hombre en necesidad y por qué? William Barclay escribió en su comentario sobre Lucas:

- El sacerdote. Este pasó con prisa. Sin duda recordaría que quien tocara a un hombre muerto quedaba inmundo por siete días (Números 19:11). Aunque no estaba seguro, temía que el hombre estuviera muerto; tocarlo indicaría perder su turno para oficiar en el templo; por eso no se arriesgó. Pensó en los requisitos rituales más que en la caridad. El templo y sus liturgias eran más importantes para él que el dolor del hombre.

• El levita. El que parecía haberse acercado más al hombre en su camino. Los bandidos tenían la costumbre de usar señuelos. Uno de ellos, actuaba como si estuviera herido; y cuando un viajero inocente se detenía cerca de él, los otros bribones corrían a dominarlo. El levita era un hombre cuyo lema era: "Seguridad ante todo." No se arriesgaba para ayudar a cualquiera.[8]

La tercera persona que pasó al lado del hombre herido fue el samaritano. Lucas nos dice que "viéndolo, se compadeció de él" (Lucas 10:33). La diferencia entre los dos líderes religiosos y el samaritano es que cuando el sacerdote y el levita vieron al hombre, pensaron: *¿Qué nos pasará si lo ayudamos?*, mientras que el samaritano pensó: *¿Qué le pasará al hombre si no lo ayudo?*

La Biblia nos instruye a ser "[amables] y compasivos unos con otros" (Efesios 4:32). Si al ver a las personas en necesidad sentimos compasión, esta nos motivará a hacer algo.

La amabilidad actúa

Ver la necesidad de otros, con frecuencia, nos da ideas respecto a algo amable que podemos hacer. El buen samaritano no solo tuvo compasión con el viajero herido, decidió hacer todo lo que pudo para ayudarlo.

Necesitamos entender que el samaritano se arriesgó mucho cuando decidió parar y ayudar al hombre. Barclay explica:

El camino de Jerusalén a Jericó se destacaba por ser peligroso. Jerusalén está a más de setecientos metros sobre el nivel del mar; el Mar Muerto, cerca de Jericó, está a menos de quinientos metros bajo el nivel del mar. Así que, en menos de doce kilómetros el camino descendía unos doscientos metros. Era un camino estrecho, con desfiladeros rocosos, y muchos recodos, lo que lo hacía terreno propicio para que bandoleros tendieran emboscadas. Jerónimo, en el quinto siglo, afirmaba que lo llamaban "El Paso Rojo o Sangriento." En el siglo diecinueve, aun se debía pagar dinero al jeque para poder atravesarlo con seguridad. Tan tarde como en los primeros años de 1930, H.V. Morton nos dice que le advirtieron que llegara a su casa antes que oscureciera, si intentaba usar el camino porque un tal Abu Jildah era experto en asaltar vehículos y robar a los viajeros y turistas, escapando hacia las montañas antes que la policía llegara. Cuando Jesús relató su historia, narró la clase de cosas que solían suceder en el camino de Jerusalén hacia Jericó.[9]

Este camino me recuerda numerosos lugares en Estados Unidos; ciudades centrales, vecindarios invadidos de drogas, sitios donde ocurren tiroteos desde autos en movimiento, comunidades donde la gente pone barras de acero en las ventanas y las puertas. Estos lugares están repletos de personas llenas de dolor. Quizás estén pidiendo ayuda porque temen ser lastimados o han sido heridos.

No hace mucho tiempo, mi esposa y yo (Wayde) visitamos el Dream Center [algo así como Centro de ilusiones], un programa ministerial de la iglesia, ubicado al norte de Hollywood. Me pidieron que hablara durante el servicio en la noche del jueves. Nunca olvidaré esa noche.

Conduciendo hacia el edificio, me asombró un enorme hospital. Había unas motocicletas Harley Davidson estacionadas al frente, pero no la clase de motos que usan los ejecutivos de clase media, sino de las que tienen los integrantes de la pandilla Ángeles del Infierno. Adentro del edificio estaba la prueba. Vimos docenas de motociclistas con tatuajes, camisetas de lucha, dientes faltantes y cicatrices en sus brazos y caras. Era un panorama excepcional, especialmente en la iglesia. Nos saludaron con cariño aunque vestíamos muy diferente. Nos asieron las manos, nos abrazaron y nos dieron la bienvenida al Dream Center. Esa noche nos presentaron prostitutas, adictos a las drogas y otras personas regeneradas; unos cuantos todavía estaban involucrados en sus conflictos. También conocimos a algunas personas que acumularon mucho dinero por su relación con Hollywood. El lugar estaba lleno de personas que querían venerar a Dios y escuchar su palabra. Sabían que Dios tenía un "sueño" para todas sus vidas; él ofrecía salvación, paz, contentamiento, seguridad y salud para todos.

El pastor del Dream Center es un hombre joven, rubio, fiel y talentoso llamado Matthew Barnet. Él habría podido ir a cualquier ministerio, pero escogió uno al que la mayoría no se acercaría. ¿Por qué? Porque oyó un llamado de ayuda. Vio personas heridas, quebrantadas, devastadas que necesitaban un pastor y aceptó arriesgarse.

Pablo escribió: "como escogidos de Dios, santos y amados, revístanse de afecto entrañable y de bondad, humildad, amabilidad y paciencia" (Colosenses 3:12). Amabilidad, como otro fruto del Espíritu, es algo que debemos ponernos todos los días, como nuestra ropa. No solo eso, sino que Dios nos anima a que lo hagamos; y puesto que estamos conectados a la Vid, es una decisión que debemos pensar bien.

El buen samaritano fue hacia el hombre herido, le habló, lo vendó y lo llevó a un lugar donde podría descansar y sanar. La compasión sin acción no vale nada. Como la fe sin obras, está muerta. Debemos hacer algo para marcar la diferencia.

Usted y yo sabemos de personas o situaciones que pudieran aprovechar nuestra amabilidad. Lo primero en nuestros planes debe ser nuestra familia. La amabilidad se aprende y desarrolla mejor en el hogar con nuestro cónyuge e hijos. Si está casado, aunque sea por corto tiempo, o tiene hijos, sabe que los miembros de la familia atraviesan momentos difíciles. Si su cónyuge esta dolido, deprimido o confundido, tiene una gran oportunidad para enseñarle acerca de la amabilidad. Con el paso de los años ambos, Wayde y yo, hemos aconsejado a cientos de parejas. Una declaración común de las esposas es: "Él es amable conmigo solo cuando quiere algo." Por lo general eso tiene que ver con algún juguete nuevo (bote o carro extra que no pueden costear, etc.) o algo físico. A veces pienso que si la amabilidad fuera algo en lo que se concentraran ambos, esposo y esposa, muchos matrimonios se salvarían.

Su hijo puede estarse sintiendo inseguro o temeroso, puede estar comportándose mal en la escuela o hasta estar en la cárcel debido a una decisión insensata. Este es el tiempo de mostrarle amabilidad y no de distanciarse. Debemos estar listos para ayudar a los miembros de familia cuando nos necesitan. Cuando desarrollemos una forma de vida con amabilidad en nuestros hogares, estaremos más dispuestos a considerar varias maneras de mostrar amabilidad a los de nuestra iglesia, comunidad y lugar de trabajo.

La amabilidad es poderosa

En nuestro mundo competitivo, tipo sálvese quien pueda, muchas personas ven la amabilidad como una debilidad. Los que la exhiben nadan contra la corriente insensible. Paran a investigar cuando ven una necesidad, aunque la mayoría solo pasarían por un lado. Cuando tienen una idea respecto a cómo ayudar a alguien, se lo comunican. Están seguros de que Dios toma nota.

Cuando Pablo le escribió a Timoteo en cuanto a las características de los líderes religiosos, dijo: "Y un siervo del Señor no debe andar peleando; más bien, debe ser amable con todos" (2 Timoteo 2:24). No importa lo poderoso que sea el sermón de una persona, la duración de su ministerio o la popularidad que tenga, sin amabilidad esa persona no es un líder muy espiritual.

Las personas amables son sensibles a las necesidades de los demás. Filipenses 2:4 afirma: "Cada uno debe velar no solo por sus propios intereses sino también por los intereses de los demás." La sensibilidad es una fuerza tremenda que debemos desarrollar. Todos tenemos personas alrededor que están dolidas. Debemos ser sensibles a su dolor y esforzarnos por asistirlos, escucharlos, orar por ellos y estar presentes cuando nos necesiten.

Las personas amables siempre buscan la ocasión para animar a otros. Cuando Pablo (antes Saulo) entregó su vida a Cristo (Hechos 9) muchos creyentes todavía le temían porque había perseguido a los cristianos. Los discípulos lo resistieron cuando quiso unirse a ellos. Sin embargo, Bernabé vio lo que Dios había hecho en la vida de Pablo, y sabía que en verdad se había convertido en cristino. Bernabé se esforzó por explicar la experiencia salvífica de Pablo a los apóstoles y les dijo cómo predicaba con poder en el nombre de Jesús. Debido al apoyo de Bernabé, Pablo fue aceptado y confiaron en él. A menudo medito: *¿Dónde estaría Pablo sin Bernabé?* Este se mantuvo en concordancia con su nombre, que quiere decir "hijo de consuelo."

Las personas que nos rodean necesitan nuestro apoyo. El aliento suyo puede ser lo que los motive a hacer lo correcto, a no rendirse o a intentarlo un poco más. Proverbios 15:4 indica: "La lengua que brinda consuelo es árbol de vida; la lengua insidiosa deprime el espíritu." Algunas personas buscan oportunidades para decir algo bueno, amable y sincero. Los que eso hacen están sanando. Otros son rudos e insensibles con los demás. Destruyen el espíritu.

Las personas amables dicen la verdad. A veces la muestra más grande de amabilidad podría ser ayudar a alguien a entender una falta o comportamiento erróneo ante el que él o ella están ciegos. "Apuntamos directo" a las personas al envolver nuestras palabras con amor, amabilidad y misericordia. Proverbios 27:6 señala: "Más confiable es el amigo que hiere que el enemigo que besa."

Estoy agradecido porque mi doctor es cristiano. Es fiel a su iglesia, un buen esposo y padre, y es extremadamente consciente en su trabajo. También agradezco porque me dice la verdad. Si solo me hablara del Señor, su familia o cuanto le gusta su trabajo, me sentiría que le falta algo. Sin embargo, me dice la verdad en cuanto a mi salud. Si sospecha que algo necesita atención, me lo comunica y pueda que solicite más exámenes o me refiere a un especialista para confirmar su opinión. No trata de hacerme sentir bien diciendo: "¡Todo está bien!" ¡Si me dijera que todo está bien cuando no lo está, podría costarme la vida! Asimismo necesitamos ser sinceros unos con otros y que los que nos rodean hablen verdades de nuestras vidas y con cariño.

Las personas amables aman suficiente como para confrontar o reprender a un hermano o hermana en Cristo cuando es necesario. No sería amable ignorar el comportamiento de otro cristiano que podría dañarlos o a alguien más físicamente, emocional o espiritualmente. Algunas personas me dicen: "Perderé su amistad si les hablo de su comportamiento dañino." Es mejor perder un amigo que quedarse callado y ver a la otra persona sufrir el daño. Esto requiere verdadera fortaleza. Debemos hacer lo que es amable y correcto y no dejar que el rechazo que pueden sentir hacia nosotros impida el interés que teníamos en ellos.

La amabilidad no es darles siempre a las personas lo que quieren, porque ello puede que les haga daño. Por ejemplo, causaría una gran dificultad para sus hijos si cada vez que quieren algo usted se lo diera. A medida que ellos crecen es absolutamente necesario que desarrollen madurez, y con eso llega la realidad: hay que trabajar para mantenerse y para obtener lo que desean. Si nunca aprenden esa verdad, lo más probable es que caminen mal en la vida.

Las personas amables buscan la ocasión para enseñar acerca de la bondad. David escribió en el Salmo 23: "La bondad y el amor me seguirán todos los días de mi vida" (v. 6). En el lenguaje original la palabra "seguirán" quieren decir que la amabilidad de Dios, la misericordia y el amor me seguirán y alcanzarán por toda mi vida. Dios, nuestro Padre, siempre está buscando maneras de ayudarnos, bendecirnos y cuidarnos. Siempre está listo para apoyarnos. Nunca está muy ocupado y le agrada tomar tiempo para nosotros. Su amabilidad es eterna con ustedes y conmigo. Como hijos de Dios debemos ser cual él.

Jill Briscoe escribe en su libro *Running on Empty* [Correr al vacío]:

Había viajado por dos semanas seguidas, hablando en reuniones. ¡Por alguna razón el programa solo daba tiempo para las charlas y no mucho para comer! Cuando llegaba ese momento, estaba en otro avión. Este día en particular estaba caliente, era verano y estaba cansado y con hambre. Mi vuelo se retrasó y cuando llegué al siguiente centro de conferencias, descubrí que mi anfitrión ya se había acostado. (En la mañana averigüé que por el atraso, supusieron que no llegaría hasta el próximo día, por lo que no hubo comité de bienvenida). Anduve alrededor del gran comedor, esperando hallar algo para comer, pero todas las puertas a la cocina estaban cerradas con llave. "Señor" oré, "realmente no me importa lo que coma, pero necesito algo; mientras te estoy hablando esto, ¡se me antojan unos melocotones! ¡Ah, qué daría por un refrescante y jugoso melocotón!" Luego sonreí. ¡Esta era la clase de oración contra la que aconsejaba! Suspiré, recogí mis maletas, y fui a mi cabaña asignada.

Cuando llegué a mi cuarto ... ¡una canasta de melocotones estaba en el suelo sonriéndome en la puerta! La recogí y sentí la sonrisa de mi amante Señor. (¡Sabe, podrían haber sido naranjas o manzanas!) Nunca, antes ni después de esa vez, he recibido una canasta completa de melocotones frescos y deliciosos. El Señor proporcionó un toque dulce que me recordó su gran amor.[10]

Tenemos numerosas oportunidades para ser amables con las personas. Busque esos momentos y siga sus inclinaciones. En su libro *Lines above Tintern Abbey* [Líneas sobre Tintern Abbey], William

Wordsworth correctamente dijo: "Esa es la mejor porción de la vida de un buen hombre: sus pequeños, desconocidos y olvidados actos de bondad y amor".[11] Piense en eso por un momento. ¿Quién alrededor suyo podría usar su ayuda, ánimo o un poquito de su tiempo?

Aunque el buen samaritano probablemente tenía las mismas preocupaciones que los otros que lo antecedieron ante el hombre herido, no hizo como ellos. Dejó que interrumpieran sus planes. Es posible que la amabilidad fuera lo ordinario en su vida. Esta clase de acto es probable que no fuera la excepción de la regla. El Espíritu Santo quiere que cada uno de nosotros nos hagamos el hábito de ser amables.

Comience hoy a escuchar y a responder

HAGA A UN LADO ESTE LIBRO por un momento y pídale a Dios que le ayude a ser amable. ¿Quién se le viene a la mente? ¿En qué clase de actividad presiente que debería involucrarse para mostrarle su amabilidad a alguien? ¿Está ese "alguien" en su familia? ¿Su oficina? ¿Su iglesia? ¿Su vecindario?

Dios es amable, y su Espíritu mora en su vida. Él siempre lo impulsa a que perdone a los que le hieren, abusan de usted o le rechazan. Mire más allá de sus maltratos y sea amable de todos modos. No piense demasiado en cómo lo han herido; vea a lo profundo y comprenda que Dios le ama y quiere mostrar su amabilidad a través de usted. Su amabilidad y misericordia podrían aflorar con su decisión de hacer una buena acción o cambiar su actitud hacia ellos. Pídale a Dios que le ayude a perdonarlos y a ser amable con ellos. Él le ayudará.

SIETE ✦

Bondad
CÓMO APRENDER A VIVIR GENEROSAMENTE

El locutor radial del sur de California mantuvo a los oyentes expectantes mientras la flor se abría.

Yo pensé: *¿Por qué todo este alboroto por una flor?* Me gustan las flores, pero anunciar el brote de una flor en un noticiero parecía un poco extremista.

Pero ¡no por esta flor! Nunca oí algo así. La flor, original de Indonesia, fue declarada la más grande del mundo y podía superar los dos metros de altura. Antes floreció solo nueve veces en el siglo veinte, y de un día a otro, la décima flor estaba por aparecer. La gente llegó en tropel a la Colección de Arte de la Biblioteca Huntington y el Jardín Botánico para ver y oler. Las expectativas de muchos que disfrutaban oliendo las flores pueden haber sido que "cuanto más grande la flor, mejor la fragancia." Esta, sin embargo, tiene la rara distinción de ser la más pestilente del mundo. Despide un olor asqueroso cuando termina de florecer.

Claudia Puig reportó sobre la flor gigante en el periódico USA Today, lo siguiente: "La flor es pariente lejana de la cala, pero parece algo salido de *La casita del terror*. Despide un olor tan parecido a carne humana descompuesta que en Indonesia la llaman *bunga bangkai* o flor de muerto".[1] Kathy Musical, la curadora de la colección de plantas de la biblioteca explicó: "El olor fétido es para atraer a los agentes que la polinizan. El olor a animal muerto atrae a los escarabajos. Estos se introducen en la flor y la polinizan. ¿No es la naturaleza grandiosa?"[2]

Esta flor me recuerda a algunas personas. Aunque aparentan ser lo más grande en la vida por su éxito financiero, posición social o educación, cuando uno se les acerca los sorprende emitiendo una actitud mala, demostrando su estilo de vida y dureza con los demás. Lo que uno aprende de ellos cuando los comienza a conocer es diferente a lo que aparentan a lo lejos. Su "pestilencia" lo hace a uno querer correr y alejarse de ellos lo más pronto posible.

El fruto del Espíritu, por otra parte, tiene un poder magnético increíble. Aunque algunos creyentes no seamos particularmente atrayentes, estos atributos increíbles, dados por Dios, hacen que los demás quieran estar alrededor de nosotros. Seamos altos, bajos, anchos, delgados, ricos, pobres, famosos o desconocidos, nuestro piadoso fruto es una sorpresa agradable para los que nos rodean.

¿Quién es bueno?

LA CALIDAD DE "BUENO" describe la ausencia de defecto o falla y la presencia completa de una naturaleza sana. Jesús dijo que solo Dios es bueno. Cuando lo llamaron "Maestro bueno", él respondió: "¿Por qué me llamas bueno? ... Nadie es bueno, sino solo Dios" (Marcos 10:17-18). Jesús no estaba negando su divinidad, pero retó rápidamente al hombre a que pensara en lo que decía: "Señor, ¿entiende lo que está diciendo al llamarme bueno? Porque solo Dios es bueno."

Agathosune, la palabra griega que significa "bondad," es un término extraño que combina la calidad de ser bueno y la cualidad de hacer lo bueno.[3] Esto quiere decir una verdadera manifestación de bondad, virtud equipada para la acción; una disposición a hacer lo que es bueno; bondad intrínseca que produce generosidad; calidad de piadoso.

Billy Graham escribe acerca de la bondad:

La palabra "bueno," en el lenguaje de las Escrituras, quiere decir literalmente "ser como Dios", porque solo él es perfectamente bueno. Sin embargo, una cosa es tener normas supremas de ética y otra que el Espíritu Santo produzca la bondad que hunde sus raíces en la divinidad. El significado aquí es más que "hacer lo bueno." La bondad va más profundo. La bondad es amor en acción. Implica no solo la idea de rectitud imputada, sino también mostrada en cada día vivido por el Espíritu Santo. Es hacer lo bueno de buen corazón, para complacer a Dios, sin esperar medallas ni recompensas. Cristo quiere que esta clase de bondad sea el estilo de vida de cada cristiano.[4]

"Bondad" es una palabra usada veinte veces en la Biblia, describe la moral o carácter ético. Pablo elogió a la iglesia en Roma diciendo: "Por mi parte, hermanos míos, estoy seguro de que ustedes mismos rebosan de bondad" (Romanos 15:14). Cuando instruía a los efesios respecto a sus vidas en Cristo, les dijo: "Porque ustedes antes eran oscuridad, pero ahora son luz en el Señor. Vivan como hijos de luz (el fruto de la luz consiste en toda bondad, justicia y verdad)" (Efesios 5:8-9). A los tesalonicenses les escribió: "Por eso oramos constantemente por ustedes, para que nuestro Dios los considere dignos del llamamiento que les ha hecho, y por su poder perfeccione toda disposición al bien y toda obra que realicen por la fe. Oramos así, de modo que el nombre de nuestro Señor Jesús sea glorificado por medio de ustedes, y ustedes por él" (2 Tesalonicenses 1:11,12).

Bondad no es solo lo que uno dice sino lo que hace. Los que poseen esta cualidad son generosos por naturaleza. Podemos decidir actuar con buenas maneras, así como el Espíritu Santo nos insta permanentemente, de forma que tratemos a los demás como Jesús lo haría.

¿Nacen las personas con la característica de buenas?

LOS LIBROS DE SICOLOGÍA Y AUTOAYUDA, por lo general, dan la impresión de que las personas nacen siendo buenas. Muchos sicólogos mantienen el punto de vista humanista de que si los padres proveen una aureola cariñosa, la bondad nacerá en la vida del niño. Por otro lado, las experiencias malas en la vida del niño son responsables de su mal comportamiento.

Aunque las experiencias buenas o malas pueden influir la conducta, la Biblia enseña que cada persona definitivamente escoge su manera de actuar. Las Escrituras también son claras respecto a que las personas no nacen buenas. Todos nacemos con una naturaleza pecaminosa que tiene una tendencia innata a hacer el mal. Nacemos en pecado, habiendo heredado de Adán una naturaleza desobediente. David dijo: "Yo sé que soy malo de nacimiento; pecador me concibió mi madre" (Salmo 51:5) Por lo que podemos ver la tendencia a hacer el mal o pecar, está dentro de cada ser humano. Pablo nos informa que "todos han pecado y están privados de la gloria de Dios" (Romanos 3:23). Aun sin relaciones ni experiencias malas en la niñez, las personas naturalmente se inclinan al pecado, la rebeldía, la desobediencia, el egoísmo, la explotación y la avaricia.

Respecto a los niños y su tendencia innata a la naturaleza pecadora, el Dr. James Dobson, fundador de Enfoque a la Familia, afirma:

A ellos no hay que enseñarles estos comportamientos. Estos son expresiones naturales de su humanidad. Aunque el mundo secular de hoy menosprecia estas perspectivas, la evidencia en que se apoyan es avasallante. ¿De qué otra forma explicamos la naturaleza agresiva y perversa de cada sociedad en la tierra? Las guerras sangrientas han sido el plato fuerte de la historia mundial durante más de cinco mil años. Personas de toda raza y credo alrededor del globo tratan de violarse, saquearse, quemarse, explosionarse y matarse unos a otros con el paso de los siglos. ¡La paz ha sido solo una pausa momentánea en la que paran para armarse! Platón, hace más de 2350 años, dijo: "Solo los hombres muertos han visto el final de la guerra."

También hallamos una frecuencia deprimente de crímenes, abuso de droga, abuso sexual de niños, prostitución, adulterio, homosexualidad y deshonestidad entre las personas. ¿Cómo conjugar este mal perverso con un mundo de personas naturalmente inclinadas a lo bueno? En realidad, ¿han llegado a esta conducta antisocial e inmoral pese a sus tendencias naturales? Si así fuera, seguro que algún grupo social en el mundo habría podido preservar la bondad con la que los niños nacen. ¿Dónde está eso? ¿Existe tal lugar? No, aunque reconozcamos que algunas sociedades tienen más moral que otras. Sin embargo, ninguna refleja la armonía que el teórico de la bondad natural espera. ¿Por qué no? Porque su premisa básica es errónea.[5]

La solución

EL PRINCIPIO DE una buena naturaleza empieza cuando nacemos de nuevo. Esto solo significa que: nacemos de nuevo espiritualmente cuando entregamos nuestras vidas a Cristo. Dios no nos salva porque somos buenos sino por su increíble misericordia, amabilidad y bondad. Aunque "todavía éramos pecadores, Cristo murió por nosotros" (Romanos 5:8).

Cuando llegamos a Cristo nuestra naturaleza básica cambia.

* Cuando no somos cristianos no podemos tener armonía con Dios, porque él es santo, puro y recto. Cuando creemos en Cristo nos reconciliamos con Dios (2 Corintios 5:16-21).
* Cuando no somos cristianos es imposible que vivamos libres de pecado. Cuando nacemos de nuevo somos justificados (Romanos 3:26).
* Cuando no creemos estamos destinados a pecar; es nuestro dominio. Como creyentes somos libertados del pecado y ya no estamos esclavizados a la injusticia (Romanos 6:18).
* Cuando no estamos con Cristo es imposible hacer mucho para aclarar nuestro pecaminoso pasado, presente y futuro. Cuando le entregamos nuestras vidas y le pedimos perdón, él nos perdona totalmente de todos nuestros pecados (1 Juan 1:9).
* Cuando no creemos, nuestra naturaleza es pecaminosa. Después que nos salva, somos creaciones nuevas en Cristo. "¡Lo viejo ha pasado, ha llegado ya lo nuevo!" (2 Corintios 5:17).
* Las personas son creadas a imagen de Dios; sin embargo, después de la salvación, Cristo vive en nosotros y el Espíritu Santo es parte de nuestras vidas (Romanos 8:9; Colosenses 1:27). Por eso, él nos ayudará a hacer lo bueno. "Pues Dios es quien produce en ustedes tanto el querer como el hacer para que se cumpla su buena voluntad" (Filipenses 2:13).
* Después que renacemos como cristianos somos santificados (griego *hagiasmos*), lo que significa hacer santo, consagrar, separar del mundo y ser apartado del pecado para poder tener una relación íntima con Dios. Nuestra santificación es un acto

inmediato en el que, por la gracia de Dios, somos libres de la esclavitud de Satanás y del pecado (Romanos 6:18; 2 Corintios 5:17; Efesios 2:4-6; Colosenses 3:1-3), y además es progresivo. La santificación es un proceso continuo en el que se eliminan las actividades, deseos y pensamientos pecaminosos (Romanos 8:1-17). Somos progresivamente transformados a la imagen de Cristo (2 Corintios 3:18). Crecemos en la gracia de Dios (2 Pedro 3:18), y mostramos mayor amor, y el otro fruto del Espíritu, hacia las personas (Mateo 22:37-39; 1 Juan 4:7-8, 11, 20, 21).

La bondad es un don de Dios. Los cristianos no somos impecables; mientras permanezcamos en nuestros cuerpos terrenales, seguiremos siendo imperfectos. Por lo tanto, necesitamos morir a nuestra naturaleza pecaminosa y caminar a diario en el Espíritu. La diferencia en nuestras vidas antes y después de renacer radica en esto: antes de ser cristianos nuestro ser natural pecaminoso tenía control sobre nosotros, pero ahora que estamos "en Cristo" el Espíritu Santo nos ayuda a controlarlo nosotros. Esto es una verdad poderosa que debemos entender. Uno no puede controlar el hábito de fumar o beber, la adicción a las drogas, el temperamento, el pecado sexual o cualquier problema que pueda tener. Cuando Cristo vive en usted y camina con él y le brinda supremacía sobre su vida, será librado de esas conductas debilitadoras.

El salmista David escribió: "La bondad y el amor me seguirán todos los días de mi vida" (Salmo 23:6). La bondad de Dios está a disposición de todos nosotros, pero debemos ser disciplinados y mantener nuestra mira en él y en lo que somos en Cristo. A continuación hay varias sugerencias para aprender a vivir una vida *bondadosa*.

La Biblia es el manual de Dios para vivir una vida buena

DAVID DIJO: "¿CÓMO puede el joven llevar una vida íntegra? Viviendo conforme a tu palabra ... En mi corazón atesoro tus dichos para no pecar contra ti" (Salmo 119:9, 11). La Biblia es el libro de instrucciones de Dios que nos dice cómo complacerlo, cómo tratar a las personas, cómo tener una vida abundante, cómo evitar el pecado y mucho más. Pablo dijo: "Toda la Escritura es inspirada por Dios y útil para enseñar, para reprender, para corregir y para instruir en la justicia, a fin de que el siervo de Dios esté enteramente capacitado para toda buena obra" (2 Timoteo 3:16).

Cada año la Biblia continúa siendo un bestseller. La mayoría de los hogares estadounidenses tienen por lo menos una. Puede estar sobre una mesa de sala, sobre una repisa de chimenea o ser parte de una colección de libros en una repisa. Muchas personas la leen periódicamente o hablan de lo que creen que dice. Sin embargo, Dios exige que hagamos más que leer la Biblia; debemos hacer lo que dice que hagamos. Santiago 1:22 afirma: "No se contenten solo con escuchar la palabra, pues así se engañan ustedes mismos. Llévenla a la práctica". La Palabra de Dios enseña el comportamiento recto y nos ayuda a tener una vida buena.

Probablemente lea su correspondencia y, si acaso, un periódico todos los días. Quizás tenga el cuidado de ver los editoriales principales, las últimas cifras en los fondos mutuales, las marcas deportivas o algo más que sea importante para usted. La Biblia es más importante que cualquier otra cosa que pueda leer, y es ineludible que conozca a su autor. Como David, debemos atesorar la Palabra de Dios, captar y recordar sus instrucciones, en nuestros corazones, porque como afirmó el evangelista D.L. Moody: "La Biblia lo alejará del pecado o el pecado lo alejará de la Biblia".[6]

Todos experimentamos tiempos cuando sencillamente no sabemos qué hacer. Queremos hacer lo correcto, pero estamos atrapados en una área gris en la que no podemos definir nada. La Biblia no solo tiene indicaciones específicas en cuanto a lo que debemos o no hacer, también nos muestra principios respecto al comportamiento. Henry Ward Beecher señaló: "La Biblia es la pauta de Dios por la que uno se debe guiar, para mantenernos lejos del fondo del mar, para enseñarnos dónde está el puerto y cómo llegar a él sin tropezar con las rocas".[7]

Muchas personas viven bajo la filosofía de la prueba y el error. Experimentan con ciertas conductas y creencias mientras tratan de decidir sus estilos de vida y sus opiniones. Esta es una manera peligrosa de vivir. Me recuerda una historia trágica que el *New York Times* publicó sobre la muerte de Sam Sebastiani, que era parte de una de las familias productoras de vino más prominentes de California. El señor Sebastiani falleció al comer algunos hongos venenosos que encontró cerca de su casa en Santa Rosa.

El hongo que se cree que Sebastiani ingirió era un *Amanita phalloides*, también conocido como sombrerito de la muerte. Y es la causa del noventa y cinco por ciento de envenenamientos mortales por hongos en el mundo. Su efecto es mortal más del treinta y cinco por ciento de las veces; sus toxinas destruyen el hígado de la víctima rompiendo las células.

Los expertos ... advierten a los entusiastas aficionados a la recolección de hongos que dejen que lo hagan los especialistas en micología, que no serán engañados por la variedad venenosa que se parece mucho a sus parientes inocuos.

Roseanne Soloway, administradora de un centro de control de venenos, indica: "Un nivel de presunto conocimiento no es suficiente para salvar su vida."

Uno de los aspectos más siniestros del envenenamiento con hongos mortales es lo que tardan en aparecer los síntomas. Cuanto más fuerte es el veneno, más tiempo requiere para revelarse, de modo que cuando el paciente se da cuenta del problema, puede que sea muy tarde.[8]

Muchas personas parecen vivir en base a sus intuiciones. No necesitamos adivinar, porque Dios nos ha dado su manual de instrucción. Él nunca intentó que anduviéramos por la vida sin instrucciones en cuanto a cómo vivir, qué evitar, qué reconocer como pecado, qué comportamiento nos puede dañar y cómo podemos complacerlo. La vida está llena de minas explosivas, y podemos aprender a evitarlas leyendo su libro. No necesitamos experimentar para determinar la conducta correcta o incorrecta. No necesitamos buscar nada más que la Biblia para entender cómo tener una relación con Dios y una vida eterna. El libro de Dios tiene todas las repuestas y debemos hacer todo lo posible para integrarlo a nuestras vidas.

Puede protegerse de los pensamientos malos

JESÚS DICE: "EL OJO es la lámpara del cuerpo. Por tanto, si tu visión es clara, todo tu ser disfrutará de la luz" (Mateo 6:22). Lo que escojamos ver, leer, escuchar y pensar afectará la manera en que vivimos. Si estamos llenando nuestras mentes de información negativa, impura o errónea, tendremos conflictos con estas áreas de nuestra vida. Con razón nuestro país aparentemente se está volviendo más y más violento. Uno solo necesita observar la programación televisiva por unas pocas tardes para ver como está llena de pelea y crimen. La moral de nuestra sociedad está en un espiral descendente y a medida que uno ve el entretenimiento de Hollywood, se hace obvio que la moral no guía el guión del productor.

Los cristianos son parte del problema. No podemos permitir que lleguen a nuestras vidas vídeos o películas asquerosas, inmorales y espiritualmente degradantes sin que produzcan efectos morales. El Dr. James Kennedy escribe en su libro The *Gates of Hell Shall Not Prevail* [Las puertas del infierno no prevalecerán]:

> Los cristianos están observando (y, por tanto, apoyando) muchos de los programas televisivos cuestionables. Sin investigación previa (por ejemplo, leyendo las *guías de programación populares*), los creyentes compran entradas para muchas de las películas que denigran a la cristiandad. Créanlo o no, cristianos adolescentes reportan que ven tantas películas clasificadas R (restringidas) como los adolescentes no cristianos, de acuerdo con el Dr. Ted Baehr, presidente de la Comisión de Películas Cristianas y Televisión. Una encuesta reciente hecha por George Barna demuestra que "¡Es muy probable que los adultos jóvenes cristianos hayan visto *MTV* [estación televisiva de música] la semana pasada!" Por ejemplo, Barna observó que cuarenta y dos por ciento de los adolescentes cristianos actuales (la generación que siguió a los jovencitos de la posguerra) ven *MTV*, comparado con solo treinta y tres por ciento de los no cristianos. ¡Eso no es bueno! Es claro que no seremos parte de la solución si somos parte del problema.
>
> Lo que nos alimenta espiritualmente, lo que ponemos en nuestras almas, determinará nuestro crecimiento espiritual.[9]

Necesitamos despertar ante el compromiso que tienen los programadores televisivos y lo que nos ofrecen continuamente. Veinticinco personajes homosexuales fueron presentados en dramas y comedias presentados en horas de máxima audiencia en la temporada de 1998 a 1999, según la Alianza Homosexual y Lesbiana Contra la Difamación, que gestionó ante las estaciones de televisión y las instaron a que no publicaran un anuncio que dieciocho grupos conservadores deseaban difundir en Washington, D.C. El anuncio trataba de un "ex homosexual" y se debía lanzar a través de toda la nación con un tema acerca del día de las madres. Mostraba a una madre anciana sentada con su hijo. "Mi hijo Michael descubrió la verdad: que podía apartarse de la homosexualidad," dice. "Pero lo descubrió muy tarde. Tiene SIDA. Si aman a sus hijos, ámenlos tanto como para decirles la verdad. Hay esperanza para cambiar, esperanza para el futuro."

"Hace una década, dejé la homosexualidad con el poder de Jesucristo," dice el hijo mostrando un número de teléfono. "No se trata de odio; se trata de esperanza".[10]

Los programadores no quieren que los principios morales sólidos salgan al aire. En realidad creen que su audiencia aumentará (y es probable que así sea) si muestran insinuaciones, inmoralidades, violencia sexual y temas contrarios a la Biblia. Sobre todo, no quieren anuncios ni programas que amenacen sus injustificados estilos de vida. Aun cuando estamos conscientes de todo eso, seguimos viéndolos y escuchándolos.

Piense en eso. El espectador estadounidense ordinario ve un equivalente a cincuenta y dos días al año de televisión. A la edad de sesenta y cinco, el adulto ha pasado cerca de nueve años de su vida viendo televisión. Cada año el adolescente común pasa novecientas horas en la escuela y mil quinientas viendo televisión. Cada semana el niño promedio, entre dos y once años de edad, ve mil ciento noventa y siete minutos de televisión; mientras que pasa treinta y nueve minutos hablando con sus padres durante la misma semana. El sesenta por ciento de los estadounidenses ven televisión mientras cenan. Cincuenta y dos por ciento de los niños entre las edades de cinco y diecisiete tienen un televisor en sus cuartos.[11] No hay duda de que lo que miramos y oímos tiene una influencia tremenda en lo que pensamos y actuamos. ¿Qué está permitiendo entrar a su vida?

Yo (Wayde) he estado en Filipinas durante la temporada de lluvias cuando las calles se inundan y los canales de aguas negras se tupen muchos días. Las personas tratan de movilizarse con el agua hasta las rodillas (a veces peor), y durante esos tiempos hay gran riesgo de epidemias.

En septiembre de 1996, Manila sufrió un diluvio así. Uli Schmetzer, del diario *Chicago Tribune*, escribió que trescientas personas estaban sufriendo de cólera y siete ya habían fallecido. Las moscas y cucarachas, que se alimentaban con la basura y flotaban en el agua, eran las portadoras del cólera.

Schmetzer explicó que Alfredo Lim, el alcalde de Manila, tenía una idea única. Ofreció dinero en efectivo a cualquiera que llevara moscas y cucarachas muertas o vivas a un oficial de salubridad. El premio era un peso (cuatro centavos de dólar) por cada diez moscas y un peso y medio (6 centavos) por diez cucarachas. El departamento de salubridad publicó altamente el programa en las áreas más pobres de Manila. Se les pagaba al instante. El jefe del departamento de salubridad dijo: "Si matamos las moscas de una vez, pararemos la propagación de las enfermedades".[12]

Los pensamientos pecaminosos son como la enfermedad mortal. A menos que lidiemos con ellos rápido, se propagarán y producirán daño espiritual y hasta muerte. Santiago dijo: "Cada uno es tentado cuando sus propios malos deseos lo arrastran y seducen. Luego, cuando el deseo ha concebido, engendra el pecado; y el pecado, una vez que ha sido consumado, da a luz la muerte" (Santiago 1:14-15). Cuando seamos tentados a ver, leer o hablar de algo pecaminoso, debemos retirarnos de inmediato en vez de pasar tiempo en ello no sea que le permitamos que genere un comportamiento negativo. Cuanto más preveamos la propagación de los pensamientos pecaminosos, menos tendremos que luchar con ellos.

Nuestra mente es una materia preciosa, y tenemos que hacer todo lo posible para protegerla. No podemos llenarla solo con pensamientos incorrectos o impuros o con imágenes violentas, y creer que simplemente podremos apagarlos cuando comiencen a acomodarse. Debemos cuidar nuestra mente, y la Biblia nos dice como. Pablo exhorta: "Consideren bien todo lo verdadero, todo lo respetable, todo lo justo, todo lo puro, todo lo amable, todo lo digno de admiración, en fin, todo lo que sea excelente o merezca elogio" (Filipenses 4:8). Tomemos decisiones conscientes de lo que debemos pensar. Tomemos la decisión de rechazar los pensamientos dañinos y pensar en cosas buenas. Dios nos ayudará.

A través de la vida enfrentará decisiones en cuanto a lo correcto o lo incorrecto, lo bueno o lo malo, lo ético o lo no ético. Desarrollar sensibilidad en su conciencia es urgente, y se requiere valor para sensibilizar la propia. Para algunos esto perecerá imposible o al menos espantoso, porque existe la percepción de que debemos ir con la corriente para ser parte de la mayoría. Este modo de pensar ha llevado a mucha gente a problemas.

Por otra parte, es bueno rodearse de personas llenas de la sabiduría de Dios y que asisten a la iglesia, como los que están en nuestras escuelas o nuestros colegas que son buenos en lo que hacen. Las cualidades también se contagian.

El libro de Daniel cuenta la historia fascinante de cuatro jóvenes que determinaron ser leales a Dios a costa de lo que fuera. Daniel, Ananías, Misael y Azarías eran algunos de los que fueron sacados de Jerusalén a Babilonia cuando esta sitió a la ciudad. A estos jóvenes los escogieron para entrenarlos al servicio del rey. Durante tres años se prepararían y serían educados en el idioma y la literatura de los babilonios. Aunque se incluyeron ciertas comidas en la dieta que les suministrarían, Daniel sintió que no debía participar de ellas. "Daniel se propuso no contaminarse con la comida y el vino del rey" (Daniel 1:8). Cuando pidió permiso para comer las comidas que su religión le permitía, el supervisor aprobó que sus amigos y él lo hicieran por diez días, luego observaría cómo les iba. Para su asombro, "Al cumplirse el plazo, estos jóvenes se veían más sanos y mejor alimentados que cualquiera de los que participaban de la comida real" (v. 15).

Más tarde el rey Nabucodonosor hizo una enorme estatua de oro con su imagen y ordenó que todas las personas se inclinaran ante ella y la adoraran. De nuevo los jóvenes judíos fueron objetores de conciencia. Simplemente no podían hacerlo. Su Dios era el único ser que ellos adoraban. Cuando la multitud se inclinó para honrar la imagen, los leales compañeros de Daniel no se movieron. Esto enfureció al rey, de modo que los amenazó diciéndoles que si no obedecían los arrojaría a un horno ardiente. ¿Su respuesta? "¡No hace falta que nos defendamos ante Su Majestad! Si se nos arroja al horno en llamas, el

Dios al que servimos puede librarnos del horno y de las manos de Su Majestad. Pero aun si nuestro Dios no lo hace así, sepa usted que no honraremos a sus dioses ni adoraremos a su estatua" (Daniel 3:16-18). El rey arrojó a los tres jóvenes en el horno, pero Dios se encontró con ellos allí. Cuando el rey miró al interior del horno, dijo: "¡Pues miren! ... veo a cuatro hombres sin ataduras y sin daño alguno, ¡y el cuarto tiene la apariencia de un dios!" (v. 25).

Luego se le ordenó a Daniel que no orara a nadie más que al rey. Puede adivinar la respuesta del joven. No dejó de orar a su Dios ni un solo día. De nuevo su decisión de ser obediente a Dios lo metió en problemas. Lo pusieron en una guarida de leones para matarlo. Estos, sin embargo, no se interesaron en comerse a Daniel. Al siguiente día, cuando lo sacarían de la guarida, Daniel dijo: "¡Que viva Su Majestad por siempre! ... Mi Dios envió a su ángel y les cerró la boca a los leones. No me han hecho ningún daño, porque Dios bien sabe que soy inocente" (Daniel 6:21-22).

Vemos una vez tras otra en las vidas de Daniel y sus amigos, el compromiso con la obediencia a sus convicciones religiosas y a ser diferentes a la mayoría. Antes que los capturaran, dice la Escritura que: "Daniel se propuso no contaminarse" (1:8), antes de enfrentar decisiones en cuanto a lo correcto o incorrecto, decidieron en sus corazones servir al Señor a toda costa. Aunque perdieran amistades, reputación, premios o aun arriesgaran sus vidas, no cederían.

Pedro nos recuerda: "Y a ustedes, ¿quién les va a hacer daño si se esfuerzan por hacer el bien? ¡Dichosos si sufren por causa de la justicia!" (1 Pedro 3:13-14). Hacer el bien es comprometerse a tomar decisiones correctas en asuntos de conciencia acordes a la motivación de ayudar a las personas. Hacemos el bien aun cuando no nos reconozcan. No tenemos motivos ocultos para tratar bien a otros; lo hacemos porque Dios lo desea. Nuestros corazones deberían estar llenos de la bondad de Dios, tanto que se haga una manera natural de tratar a las personas sin que cruce por nuestra mente ni siquiera una idea de recompensa.

Dios naturalmente nos enseña la bondad, y este mismo fruto se ve en nuestras vidas porque él vive en nosotros. Pablo ensalzó a los

cristianos diciendo que "rebosan de bondad" (Romanos 15:14).
Roma, lo más probable, fue la ciudad donde Pablo fue encarcelado y
en consecuencia martirizado por su fe, pero encontró un grupo de
creyentes que no "hizo como los romanos", y se volvió un receptor de
sus bondades. Hallaron una manera de darle cuando él no podía re-
tribuirles.

Es un poco atemorizador decidir ser diferente. Usted pensará: "Si
trato a las personas de este modo, se aprovecharán de mí o me
usarán". Tal vez piense que esta clase de conducta es débil o frágil.
Eso, simplemente no es así. Requiere muchas más fuerzas nadar contra la corriente que flotar con ella. Las personas le respetarán por su
decisión de no seguir a la mayoría.

El Espíritu Santo le hablará mediante sus convicciones

UNA TEORÍA POPULAR DEL SIGLO VEINTIUNO es que necesitamos tener
la "mente abierta" y estar dispuestos a aceptar nuevas ideas, filosofías,
creencias religiosas y estilos de vida. Esto le da un nuevo enfoque a la
antigua idea de que hay muchos caminos que llevan al cielo. Estas
supuestas "mentes abiertas" dirían: "Todas las religiones tienen la
misma meta, y Dios entiende eso." Muchos tienen problema con un
infierno verdadero porque no pueden imaginarse que Dios mande a
alguien a un lugar tan horrible. Quizás ha oído a algunos grupos
denominacionales que están considerando aprobar los matrimonios
homosexuales, en parte porque piensan que algunas personas fueron
creadas homosexuales. O quizás ha leído u oído que una denomi-
nación afirma que la Biblia tiene algunos errores. Entre las razones
que esgrimen para esta conclusión es que les es difícil creer que los
milagros registrados en la Biblia son verdaderos.

Uno de los retos mayores para la iglesia del nuevo milenio es si
será una iglesia con convicciones. Habrá más maneras sofisticadas
para pecar, tal como los adelantos tecnológicos que abren la puerta al
pecado en secreto, y en forma más directa, los retos audaces a la fe
cristiana. Lo único que le mantendrá seguro de este ataque del enemigo será su compromiso a obedecer sus convicciones cristianas.

Ejemplo de un problema que está aumentando es el creciente uso de Internet. Aunque es una herramienta tremenda para la investigación, la comunicación y los negocios, también tiene un lado negativo. La pornografía (a todo nivel) se está introduciendo ante niños, adolescentes y adultos que pronto se vuelven adictos a este horrendo pecado. Por su habilidad para comprar espacio en la red, usar espacios cibernéticos para charlar, hablar con extraños, y otras actividades creativas promocionales, los mercaderes de la pornografía han descubierto una novedosa mina de oro.[13] Decenas de miles de personas están en la actualidad involucradas en pornografía. Como resultado, vidas, matrimonios y futuros están dañándose grandemente, aun hasta la destrucción.

Una nueva encuesta de *CNN/Time* entre adolescentes de trece a diecisiete años revela que ochenta y dos por ciento usan Internet. De estos niños conectados, cuarenta y cuatro por ciento vieron sitios con "información sobre sexo" y veinticinco por ciento ven sitios que promueven "el odio". Cuarenta y cinco por ciento creen que sus padres saben solo "un poquito" de sus actividades en la red, mientras que cuarenta y tres por ciento dicen que sus padres no les controlan el tiempo que pasan conectados ni los sitios que visitan. Otro veintiséis por ciento afirma que aun cuando sus padres fijan reglamentos, no siempre los cumplen.[14]

¿Qué le protegerá de los sitios pornográficos de Internet? Su decisión de obedecer a sus convicciones piadosas. ¿Qué le protegerá de la programación televisiva negativa y la pérdida de tiempo? Su decisión de obedecer a sus convicciones piadosas. ¿Qué le impedirá ver una película censurada? Su decisión de obedecer a sus convicciones piadosas. ¿Qué le impedirá entrar a un teatro a ver una película llena de cosas pecaminosas? De nuevo, su decisión de obedecer a sus convicciones piadosas.

Nuestra lucha por resguardarnos del pecado no se hará más fácil. La tecnología continuará avanzando y traerá con eso oportunidades de involucrarse en un buen o mal comportamiento. Involucrarse en actividades pecaminosas será más fácil cada día y en la privacidad de su hogar, cuando nadie le ve. Pero Dios siempre estará cerca y le ayudará a decidir lo correcto. Él le dará las convicciones que usted necesita obedecer.

Pablo dijo: "Aborrezcan el mal; aférrense al bien" (Romanos 12:9). No hay duda que debemos saber lo que es malo y lo que es bueno, para tomar decisiones conscientes de modo que se evite lo uno y se prefiera lo otro.

Nuestra generación me recuerda la advertencia de Isaías: "¡Ay de los que llaman a lo malo bueno y a lo bueno malo, que tienen las tinieblas por luz y la luz por tinieblas" (Isaías 5:20). Muchos en nuestros días catalogan como malo los buenos comportamientos, el bien pensar y los buenos planes. Muchos llaman bueno al comportamiento malvado, al mal pensar y a los planes malos. A continuación algunos ejemplos de este pensamiento confuso.

- Nuestra generación enseña que antes del nacimiento, un ser en el vientre de la madre es solamente un feto, por lo tanto, dado que no es una persona, puede ser destruida si la madre lo decide. Es por esta razón que más de un millón de bebés son asesinados en Estados Unidos todos los años. Tenemos celebridades, como Roseanne, que dicen: "Saben, además, a quien no puedo soportar, a esas personas que van contra el aborto... los odio... Son horribles, atroces, anormales, son hombres espantosos... No quieren que nadie tenga un aborto porque quieren que uno siga escupiendo niños para que puedan abusarlos".[15]
- Nuestra generación enseña que necesitamos darle condones a nuestros hijos porque no pueden controlar su apetito sexual.
- Nuestra generación enseña que la homosexualidad es por naturaleza, así como la heterosexualidad.
- Nuestra generación desafía la infalibilidad de la Biblia.
- Nuestra generación discute los milagros de la Biblia y dice que solo son cuentos utilizados para probar algo.
- Nuestra generación enseña que no se debe permitir la oración en la escuela.
- Nuestra generación quita las escenas navideñas de los patios de las escuelas y permiten brujas en las capillas militares.
- Nuestra generación crea tecnología que puede ser valiosa en los salones de enseñanza primaria y secundaria, en las bibliotecas de las escuelas y las públicas. Sin embargo, ofrece acceso a

fotografías, material escrito y publicidad claramente destructiva, todo en nombre de la libertad.

¿Por qué Dios quiere que nos aferremos a lo que es bueno y odia lo que es malo? Porque nos ama y quiere que tengamos una vida abundante. También quiere que influyamos a este mundo malo con lo bueno. Dado que el Espíritu Santo vive en cada creyente, él nos ayudará a ser sensibles a lo que es bueno para que podamos evitar lo malo. Cuando leamos la Biblia comenzaremos a entender para qué es mejor el comportamiento, cómo piensa Dios y cómo debemos vivir. Cuando oremos Dios, él nos hablará de nuestras convicciones (que debemos de creer y que no). Cuando tengamos una convicción, como Daniel y sus amigos, debemos decidir apegarnos a ella. Eso requiere gran valor.

Ambos, Wayde y yo, recordamos cuando decidimos vivir para Dios y retirarnos de la vida mundana. Nuestros amigos, que estaban comprometiéndonos a vivir en lo que obviamente era pecaminoso, no querían que abandonáramos esa vida. Hasta intentaron a persuadirnos para que "regresáramos" y rechazáramos nuestro nuevo compromiso de servir al Señor. Cuando decidimos no complacerlos, perdimos su amistad. Eso, estaba bien, porque la decisión de seguir nuestras convicciones en cuanto a Cristo nos dio una recompensa tremenda. Nos dio una paz y seguridad que este mundo nunca podrá proporcionar. Es probable que pierda su popularidad cuando decida obedecer sus convicciones religiosas, pero como dice Pedro: "Si sufren por hacer el bien, eso merece elogio delante de Dios" (1 Pedro 2:20). No todos estarán de acuerdo con usted, pero su obediencia marcará la diferencia en un mundo que llama malo a lo bueno y bueno a lo malo.

Si va a desarrollar la bondad en su vida, también debe crecer en su valor para ser diferente a su generación. La vida nos puede endurecer y hacernos insensibles con los demás. Podemos desarrollar una actitud de supervivencia, es decir, hacer lo estrictamente lo necesario para existir o, al menos, avanzar. Pero Dios quiere que tengamos corazones tiernos, confiados; corazones que sinceramente quieran ser buenos con las personas aun cuando se aprovechen de nosotros.

Valor para hacer el bien, valor para darlo todo

Los ecos de Littleton, Colorado, se escucharán muchos años. En la escuela de secundaria de Columbine, en primavera de 1999, quince personas perdieron sus vidas. Entre esas hay historias increíbles de valor.

A Mark Taylor lo encontraron mientras compartía su fe en Cristo con dos estudiantes mormones.

Testigos dijeron que Rachel Scott recibió cuatro heridas de armas de fuego. Justamente antes del disparo mortal, el pistolero le preguntó si creía en Dios. Rachel contestó que sí y el pistolero le dijo: "Entonces ve con él".[16]

Lori Johnson, líder del grupo juvenil de Rachel, dijo: "Ella tenía dos sueños: quería impactar para Dios y vivir en su presencia siempre. Me asombra que Dios le concediera ambas cosas".[17]

CNN televisó el funeral de Rachel ante millones de televidentes mientras unas tres mil personas se reunieron en el Centro Cristiano de la Trinidad. Sobre su ataúd se escribieron docenas de frases:

- "Siento orgullo por tu firmeza por Cristo, nos vemos en el cielo."
- La madre de Rachel escribió: "Cariño, eres todo lo que una madre pudiera pedirle al Señor en una hija: Te amo tanto."
- "Rachel, te amo mucho. Siempre te extrañaré. Eres una persona tan fuerte. Saber que estás en un lugar mejor. Tu memoria siempre vivirá en mí. Te extrañaré eternamente."
- "Rachel, eres mi heroína y te amo con todo mi corazón. Estás en un lugar mejor y con Jesús. De nuevo, te amo."
- "Rachel, fuiste muy valiente. Todos te amaron."

Nosotros, los padres, no podemos imaginarnos el increíble dolor por la pérdida de un hijo. Pero la madre de Rachel, Beth Nimmo, proclamó valientemente: "El enemigo mordió más de lo que podía masticar al atacar la esencia cristiana en Columbine. Él va a pagar mucho más de lo que pensó por tomar a estos niños. Se ha de arrepentir porque está produciendo una generación completa que asume su posición por el evangelio."[18]

Otra estudiante dijo que el pistolero le preguntó si creía en Dios, y ella le dijo: "Sí creo. Es lo que mis padres me enseñaron." Le dispararon seis veces, pero vivió.

John Tomlin, de dieciséis años de edad, planeaba regresar a México después de ayudar a los pobres en el verano de 1998. Fue asesinado en la biblioteca.

Entre los mártires estaba Cassie Bernall, que mientras miraba al interior del cañón de la pistola y los ojos del asesino, le preguntaron si creía en Dios. Sin titubear Cassie dijo: "Sí". Al dar su última declaración, le dispararon y murió. La fe de Cassie era lo más importante en su vida. Aun cuando enfrentaba el hecho de que podría ser asesinada, no cedió.

La madre y el padre de Cassie dijeron: "Nuestra oración es que su "sí" sea proclamado en alta voz por muchos más en el futuro."[19]

Val Schnurr, de dieciocho años de edad, afirmó su fe en Dios después de ver morir a Cassie. Seguro que hay muchos otros que han decidido asumir una posición por Cristo, por la bondad, porque vieron a estos adolescentes vivir y morir con tal clase de valor. Schnurr sobrevivió nueve tiros y heridas de metralla.

✦

Bondad. Fluye de nuestro buen Dios, que está lleno de misericordia, bondad y amor. Bondad es algo que decidimos hacer porque pertenecemos a él. En un mundo lleno de dolor, aflicción y odio nos piden que seamos buenos y que mostremos el amor de Dios. Aunque eso sea difícil, les enseñará a quienes lo rodean que el evangelio realmente marca la diferencia en la vida de la persona.

OCHO

Fidelidad

BASE DE LA AMISTAD VERDADERA

Miles de años la Estrella del Norte ha brillado dando dirección a los viajeros terrestres, marinos y aéreos. Cuando el sur parece ser norte y el este se confunde con el oeste, muchos buscan esa estrella porque saben que pueden confiar en ella.

Por otra parte, siempre ha sido grato observar el paso de las estrellas fugaces. Estas aparecen de súbito. Tan pronto como captan nuestra atención se desvanecen y desaparecen. Aunque son bellas no son un compás del que se pueda depender como la Estrella del Norte.

La fidelidad es un fruto digno de confianza en la vida del creyente. La palabra griega para este fruto, pistis, se traduce, entre otras cosas como "fe", "creencia" y "confianza." Los que son fieles son responsables y podemos poner nuestra confianza en ellos.

Dios es nuestro mejor ejemplo de fidelidad; él nunca falta a su promesa. Pablo le recordó a su amigo Timoteo que "si somos infieles, él [Dios] sigue siendo fiel" (2 Timoteo 2:13), pues esa es su naturaleza. Uno puede confiar absolutamente en él y su palabra. Que no haga lo que promete es imposible. Dios quiere que seamos fieles como él, y asimismo producir todo fruto; esto es posible si permanecemos conectados a Jesús, la Vid.

Las Escrituras también están llenas de relatos de personas que fueron fieles a Dios. Hebreos 11, por ejemplo, nos habla de muchos individuos del Antiguo Testamento que mostraron una lealtad a Dios sin precedentes.

Debemos ser fieles en nuestras relaciones con nuestros cónyuges, hijos, padres, jefes, empleados, amigos y personas en general. Más que nada debemos ser leales en nuestra obediencia al Señor. Un día, cuando nos encontremos con él cara a cara, no seremos juzgados por nuestros éxitos, nuestros logros intelectuales ni por lo que demos. Seremos juzgados por lo fiel que fuimos a todo lo que Dios nos pidió. Usted y yo queremos oír las lindas palabras: "¡Hiciste bien, siervo bueno y fiel!" (Mateo 25:23).

Amigo de Dios

ABRAHAM FUE LLAMADO amigo de Dios (Isaías 41:8). ¡Qué maravillosa frase! Todos sabemos, o deberíamos saberlo, que Dios nos ama. Él desea una relación con nosotros, y por cierto que, a sus creyentes los llama sus hijos (Juan 1:12-13). Pero ser amigo de Dios es una clase de relación diferente, única en su nivel de confianza y respeto. La amistad implica sinceridad en la comunicación, vulnerabilidad, transparencia y dar a conocer ideas, sueños y metas. La amistad es algo especial y debe ser apreciada.

¿Por qué a Abraham se le llamó amigo de Dios? Porque "le creyó Abraham a Dios" (Santiago 2:23). Dios podía contar con él, ya que le sería fiel en todo lo que le pidiera. La fascinante historia de Abraham nos muestra un ejemplo tras otro de un hombre que simplemente confiaba en Dios y en su palabra; y se apasionaba en obedecerlo aunque no lo comprendiera.

Jesús llamó a sus discípulos, sus amigos. Él dijo: "Ya no los llamo siervos, porque el siervo no está al tanto de lo que hace su amo; los he llamado amigos, porque todo lo que a mi Padre le oí decir se lo he dado a conocer a ustedes" (Juan 15:15). Los amigos comparten información y se comunican a un nivel más profundo. Ellos confían que si algo de lo dicho requiere ser mantenido en confidencia, así será. La amistad implica dependencia, relación, respeto y confidencialidad.

Jesús también les dijo a sus discípulos: "Ustedes son mis amigos si hacen lo que yo les mando" (Juan 15:14). ¿Por qué agregó un requisito? Creo que eso tiene que ver con confianza. Jesús sabe lo que es mejor para nosotros. Sabe lo que dará resultado en nuestras vidas y lo que nos perjudicará. Cumplir su voluntad es hacer lo que nos ayudará a la larga y a la corta. Cuando las personas no obedecen los principios de Dios, no solo comprueban que quieren "hacer lo que les viene en gana" también demuestran que no confían en Dios. Se preguntan si Dios está en lo correcto o si cumplirá con ellos. Con la amistad arriba la confianza, la seguridad de que el amigo cumplirá su palabra.

Se preguntará: *¿Cómo puedo ser llamado amigo de Jesús? Todavía lucho con las tentaciones y el pecado y de ningún modo soy perfecto. ¿Por qué desearía él ser amigo mío?* Los que amamos a Cristo deseamos mejorar y ser más como él. Todos tenemos que lidiar a diario con la tentación y esforzarnos por ser más como Cristo en nuestras acciones, pensamientos y sentimientos. Él comprende nuestros motivos. Él ve el potencial en nosotros que nosotros mismos no vemos, y ve algo prometedor en el peor de los pecadores. Nosotros también deberíamos verlo.

Philip Yancey escribe en su libro *El Jesús que nunca conocí*:

> Cuando Jesús llegó a la tierra, los demonios lo reconocieron, los enfermos corrieron en multitudes tras él y los pecadores empaparon sus pies y su cabeza con perfume. Entre tanto él ofendió a los judíos piadosos con sus estrictas y preconcebidas ideas respecto a cómo debía ser Dios. El rechazo de ellos me hizo dudar: *¿Será posible que las clases religiosas estén haciendo todo lo contrario? ¿Será posible que estemos perpetuando una imagen de Jesús que se ajusta a nuestras expectativas pero no al personaje que protagoniza tan vívidamente el evangelio?*
>
> Jesús era amigo de los pecadores. Elogió a un humillante cobrador de impuestos antes que a un fariseo temeroso de Dios. La primera persona a quien se le reveló como Mesías fue a una samaritana que tenía una historia de derrotas con cinco maridos y estaba viviendo aun con otro hombre. En medio de su último suspiro, perdonó a un ladrón que no tendría oportunidad para crecer espiritualmente ... Veo con asombro la mezcla de amabilidad con los pecadores y de hostilidad con el pecado, sin compromiso alguno, de parte de Jesús, ya que en gran parte de la historia de la iglesia veo prácticamente lo opuesto. Decimos: "odia al pecado pero ama al pecador"; sin embargo, ¿practicamos bien este principio?[1]

Los cristianos somos pecadores salvados por la gracia de Dios. Algunos tenemos historias que no nos agrada contar, pero antes que llegáramos a Cristo, Jesús vio algo en nosotros. Él decidió arriesgarse con nosotros e intentar una amistad, aunque no estábamos viviendo para él y era posible que rehusáramos su amor. Él decide permanecer siendo nuestro amigo aunque no seamos perfectos. Comprende nuestras luchas y continuamente ora por nosotros, manteniéndose fiel a nosotros.

La idea de que seamos amigos de Dios es desconcertante para muchos creyentes. Pero si le dio su vida a Cristo, eso es lo que es. ¿Está tratando de desarrollar esa amistad? ¿Quiere estar con Jesús? ¿Le habla a menudo? ¿Le comunica sus más profundas inquietudes, preocupaciones y luchas? ¿Quiere usted estar con él? ¿Confía en él?

Al igual que Abraham, somos amigos de Dios. Nuestra fe debe ser como la de Abraham. Él fue obediente a Dios y confió en él. Nosotros también debemos obedecer a Dios y confiar en él en todo lo que hagamos.

La fidelidad es una señal de madurez

UNA DE LAS CUALIDADES principales que busco cuando escojo a una persona para dirigir un programa o un departamento es si los candidatos son fieles a lo que dicen que harán. Esto puede comprobarse en la manera en que concluyen sus tareas asignadas en el período de tiempo acordado; o si existe un imprevisto, hablando de ello conmigo para poder resolverlo a tiempo. Me fijo si son disciplinados con su tiempo, si cumplen su palabra, si terminan el trabajo y, si en el proceso, tratan a las personas bien. ¿Muestran que la responsabilidad es importante para ellos o solo hacen el trabajo interesados en la remuneración monetaria? Un signo principal de falta de madurez es el rechazo de una persona a aceptar responsabilidades.

Nuestros hijos podrán querer dinero y el privilegio de ser adultos, pero si no pueden lidiar con él correctamente ni levantarse a tiempo para ir a la escuela, a la universidad o a sus trabajos, no han aprendido responsabilidad, y no es sensato darles privilegios. Muchos quieren ser supervisores, gerentes y líderes, pero cualquier jefe que pone encargados que no entienden de responsabilidades perjudica la organización.

El reino de Dios está organizado de tal manera que si somos fieles en las cosas pequeñas, nos darán más responsabilidad (Mateo 25:21, 23). Emplear tiempo leyendo y estudiando la Biblia, ser consecuentes con nuestra vida de oración y obedecer la voluntad de Dios son signos de madurez en Cristo. Dios nos da a todos ciertas responsabilidades. Cuando desobedecemos o rehusamos aceptar lo que nos pide que hagamos, somos infieles. Pero hacer todo lo que Dios nos pide es señal de madurez espiritual.

Usted dirá: "Me falta mucho por lograr en este aspecto de la fidelidad." Quizás se sienta frustrado por fallar con algunos compromisos asumidos. Una de las verdades más grandes que debe entender es que puede mejorar. Se hará más fiel a Dios y a sus compromisos, a medida que se transforme a semejanza de Cristo. Pablo escribió a los creyentes: "Vuelvo a sufrir dolores de parto hasta que Cristo sea formado en ustedes" (Gálatas 4:19). La palabra formado (en griego *morph*) quiere decir "formación interna y real de la naturaleza esencial de una persona." Pablo estaba dispuesto a agonizar hasta que Cristo se formara en esos creyentes. Su preocupación era que mostraran el carácter o fruto de Cristo. El término griego se empleaba para describir la formación y desarrollo de un embrión en el vientre de una madre. Pablo escribió en Romanos 12:2: "No se amolden al mundo actual, sino sean transformados" (*metamorph* en griego). Esta es la raíz de la palabra *metamorfosis*. Una oruga se forma y desarrolla (transforma) en una bella mariposa. Mientras crecemos en la gracia de Dios nos transformamos y nos volvemos más fieles, amantes y tiernos. El fruto es más evidente en nuestras vidas luego de años de andar con Cristo que al comienzo, cuando primero nos convertimos en cristianos.

Si le preocupa que no es lo suficientemente fiel, no siente mucho gozo o no quiere a las personas con la profundidad que cree que el Señor desea, comprenda que mientras camina en el Espíritu de Dios se va transformando y que a medida que crezca se desarrollará. Pero debe tener ansias de que su fruto crezca y permitir que Dios forme a Cristo en usted.

El Dr. Lewis Sperry Chafer, fundador del Seminario Teológico de Dallas, era un individuo creativo, visionario y único. En una ocasión le pidieron que hablara en un banquete. La audiencia había estado sentada a lo largo de tres escuchando preliminares como anuncios, música, presentaciones y reconocimientos. Sensible al tiempo, el Dr. Chafer se dirigió al podio y comenzó:

> Mi tema es lo razonable de entregar completamente nuestras vidas a Dios. Razón número uno: Él es omnisciente y sabe mejor que nadie lo que es mejor para mi vida. Razón número dos: Él es todopoderoso y tiene poder para lograr lo mejor para mí. Razón número tres: Me ama más que ningún otro en el mundo. Conclusión: Por lo tanto, lo más lógico que el cristiano puede hacer es entregar su vida completamente a Dios. ¿Qué más puedo decir? ¿Qué más necesito decir?[2]

Ese fue su mensaje; y qué mensaje más poderoso. Él pudo hablar varias horas, y ponerlos a todos a dormir, pero la verdad yace en un simple factor: "Lo más lógico que el cristiano puede hacer es entregar su vida completamente a Dios." Cuando así lo hagamos, frutos como la lealtad, naturalmente se harán palpables en nuestras vidas.

Una historia de fidelidad

EN LA PARÁBOLA DE los talentos (Mateo 25:14-30), Jesús nos dio dos ejemplos de personas fieles y uno de una infiel. Los primeros tomaron lo que su jefe les dio y lo invirtieron en forma prudente. El tercer hombre, o temía a su jefe ("usted es un hombre duro", Mateo 25:24), o era un haragán que no aprovechó la oportunidad que se le daba. Posiblemente era ambas cosas.

Podemos aprender, al menos, cuatro verdades en esta parábola: Dios da a cada quien dones diferentes; más responsabilidad es bueno; los que no trabajan con los talentos que Dios les da son castigados; y solo los que invierten reciben ganancia.

Dios da a cada quien dones diferentes

"A uno le dio cinco mil monedas de oro, a otro dos mil, y a otro solo mil, a cada uno según su capacidad" (Mateo 25:15). Algunas personas tienen muchos talentos y son capaces de encarar múltiples responsabilidades. En la parábola, el jefe determinó la cantidad de talentos que cada servidor era capaz de manejar bien. El maestro estaba solamente interesado en la forma en que cada hombre usaba los talentos que se les dieron.

Algunos piensan que Dios dará premios mayores a los que tienen increíbles dones y habilidades. Esta es una suposición errónea. Dios nos premia de acuerdo a la manera en que *usamos* nuestros dones. Él observa nuestra administración cuando desarrollamos e invertimos nuestros dones. Dios nunca dirá: "Deseo que hubieras tenido y usado ese don para mi reino." Él no nos compara con nadie. Nos premiará de acuerdo a cómo *usemos* lo que teníamos. No tenemos los mismos talentos, habilidades o dones que otros; sin embargo, poseemos la misma habilidad para ser fieles con lo que tenemos.

Más responsabilidad es bueno

"¡Hiciste bien, siervo bueno y fiel! Has sido fiel en lo poco; te pondré a cargo de mucho más" (Mateo 25:21, 23).

Los dos siervos que invirtieron bien sus talentos, recibieron más responsabilidad, pero al que no hizo nada con su talento le fue quitada. En el reino de Dios, la responsabilidad se le da a los que pueden manejarla. ¿Será su actitud humilde; trabajará duro con lo que tiene y se mantendrá leal en el proceso? ¿Si se necesita hacer algo y nadie más lo hace, está dispuesto a ir a la plato y batear? Si así es, Dios le ayudará en sus esfuerzos por hacer el bien. Podrá mirar atrás agradecido de que actuó por fe.

En su libro *Cuando Dios susurra tu nombre*, Max Lucado cuenta la historia de un hombre llamado John Egglen, que nunca había predicado un sermón:

No era que no quisiera, solo que nunca tuvo necesidad de hacerlo. Pero una mañana lo hizo. La nieve dejó su pueblo Colchester, Inglaterra, enterrado en blanco. Cuando se despertó ese domingo de enero de 1850, pensó en quedarse en casa. ¿Quién iría a la iglesia con ese clima?

Pero lo reconsideró. Él era, después de todo, el diácono. Y si el diácono no iba, ¿quién iría? Así que se puso sus botas, sombrero y abrigo y caminó las seis millas hacia la iglesia metodista.

Él no era el único miembro que pensó quedarse en casa. Por supuesto, fue uno de los pocos que llegaron. Solo trece personas se presentaron. Doce miembros y un visitante. Hasta al pastor lo atrapó la nieve. Alguien sugirió que se fueran a casa. Egglen no tuvo oídos para eso. Llegaron de tan lejos; así que tendrían su servicio. Además, tenían un visitante: un niño de trece años.

Pero ¿quién predicaría? Egglen era el único diácono. Le tocaba a él.

Y así lo hizo. Su sermón solo tardó diez minutos. Se desviaba y divagaba sin llegar a un punto, esforzándose por tratar varios. Pero al final, un valor poco característico se afirmó en el hombre. Levantó su mirada y viendo directo al niño lo retó: "Joven, vea hacia Jesús. ¡Vea! ¡Vea! ¡Vea!"

¿Marcó aquel reto alguna diferencia? Deje que el niño, hoy convertido en hombre, conteste. "Vi y, entonces, la nube que estaba sobre mi corazón ascendió, la oscuridad se fue alejando y al momento vi el sol".

¿El nombre del niño? Charles Haddon Spurgeon, el príncipe de los predicadores de Inglaterra.[3]

Algunas personas no quieren más responsabilidad. Claro, ansían deshacerse de ella. En el reino de Dios, sin embargo, siempre se nos pide que pongamos cien por ciento de esfuerzo para usar los dones que Dios nos da.

Los que no trabajan con los talentos que Dios les da son castigados

"Quítenle las mil monedas y dénselas al que tiene las diez mil ...Y a ese siervo inútil échenlo afuera, a la oscuridad, donde habrá llanto y rechinar de dientes" (Mateo 25:28, 30).

El siervo que tenía un talento no hizo nada con él, excepto enterrarlo, olvidarlo y seguir su vida. Su maestro lo llamó perezoso y malvado. Al menos lo hubiera depositado con los banqueros y recibido algún interés, pero ni siquiera tuvo disciplina para eso.

Todos conocemos personas que trabajan duro y tienen mucho que enseñar con sus esfuerzos. No hace mucho tiempo me hospedé en una linda casa de un emigrante rumano que se trasladó a los Estados Unidos con su familia unos pocos años antes. Cuando llegaron sus posesiones materiales eran pocas y muy pobres, pero estaban decididos. A través de los años, han sido fieles a Dios, trabajado duro, invertido bien y son generosos. Hoy son dueños de más de cien apartamentos para alquilar y usan su talento mercantil para bendecir al reino de Dios. Esta habilidad les llegó dólar por dólar y un apartamento a la vez. Eran todo menos perezosos con lo que Dios les dio. No dijeron: "Tengo muy poco, ¿Cómo haré en este país?" Ellos afirmaron: "Vean todas las posibilidades que hay en esta tierra de oportunidades. Con la ayuda de Dios podemos invertir lo que tenemos y recibir mucho interés." Trabajaron duro, invirtieron sabiamente y le dieron la gloria a Dios.

Solo los que invierten reciben ganancia

"Porque a todo el que tiene, se le dará más, y tendrá en abundancia" (Mateo 25:29).

Los granjeros saben que tienen que sembrar su semilla por fe, regarla y cuidarla. Si no la siembran, solo tendrán hierba en sus campos. "¡Úselo o piérdalo!" Esta verdad tiene un paralelo en el reino de Dios. Cuando usemos por fe el talento que Dios nos dio, lo cuidemos y lo trabajemos, seremos mejores y nos darán más. Y nunca nos lo quitarán. Las personas que laboran mejoran. Sin embargo, si decidimos no ser fieles con los talentos dados por Dios, nos los quitarán.

En 1972, la NASA lanzó un aparato exploratorio al espacio llamado Pioneer 10. El mismo fue diseñado para llegar a Júpiter, tomar fotografías y transmitir información de regreso a la tierra. El reportero de *Time*, Leon Jaroff, explicó que ese esfuerzo audaz requirió que la nave no solo recorriera aquella distancia (ninguna había pasado de Marte), sino que también debía pasar a través del campo magnético de Júpiter, sus fajas de radiación y su atmósfera. Una de las preocupaciones mayores era que *Pioneer 10* sería destruido al pasar la faja del asteroide, antes que pudiera alcanzar su destino.

Como sabemos, *Pioneer 10* completó su misión. Por cierto, cuando voló por Júpiter en noviembre de 1973, la tremenda gravedad del planeta propulsó a la nave con mayor velocidad al sistema solar. A un billón y medio de kilómetros del sol, el pequeño proyectil pasó Saturno y luego Urano como a tres billones de kilómetros, Neptuno a casi cuatro billones y medio de kilómetros, y Plutón a casi seis billones. En 1997, veinticinco años después de que la NASA se despidiera de *Pioneer 10*, estaba a más de nueve billones de kilómetros del sol.

Ese proyectil que fue diseñado para ser útil por unos tres años continuó regresando señales a la tierra desde increíbles distancias más allá de su misión original.

Jaroff escribe: "Quizás lo más extraordinario es que esas señales vienen de un transmisor de ocho vatios, que irradia tanta electricidad como una bombilla nocturna en un dormitorio, y toma más de nueve horas para llegar a la tierra".[4]

Así como el *Pioneer 10* usted tiene un tremendo potencial para ser más de lo que piensa que es posible. Si permanece fiel a lo que Dios le dio y siempre procura obedecer su voluntad, él lo estirará y desarrollará en muchas formas. Como afirma Chuck Swindoll:

> No espere que la sabiduría llegue a su vida como grandes trozos de roca en una línea transportadora. No, no es así. No se puede salpicar ... tampoco se dispensa como una prescripción en un mostrador. La sabiduría llega de Dios en forma privada como producto de las decisiones correctas, las reacciones justas y la aplicación de principios espirituales en circunstancias diarias. La sabiduría llega ... no por tratar de hacer grandes cosas para Dios ... sino por ser fiel en las tareas pequeñas y poco conocidas que pocas personas llegan a ver.[5]

¿Qué puede hacer usted? ¿Con qué lo ha bendecido Dios? ¿Cómo lo está invirtiendo para la gloria de Dios? ¿Es usted perezoso o está madurando? No desperdicie el talento que Dios le ha dado.

Lealtad a nuestros amigos

LA LEALTAD SE MUESTRA EN nuestras relaciones con las personas así como con Dios. Proverbios 17:17 instruye: "En todo tiempo ama el amigo." La fidelidad es indispensable para la amistad. Quizás haya oído la frase "amigos en las buenas" refiriéndose a los que les gusta estar alrededor de alguien cuando todo está bien, cuando no hay complicaciones y cuando concuerdan en casi todo. Cuando las cosas están un poco ásperas en la relación, o no concuerdan, el amigo se va. El amigo solo está allí cuando las cosas se sienten bien con él o ella. Los verdaderos amigos, sin embargo, se entregan y "aman" en todo tiempo. Comprenden que los desacuerdos y las diferencias no tienen por qué perjudicar una amistad. En efecto, los amigos de verdad se entregan y no se abandonan (Proverbios 27:10).

Hace poco, un amigo con el que yo (Wayde) fui a la universidad, llamó para informarme que se había mudado a otra parte del país. Algunos años antes perdió su trabajo muy próspero, por lo que los últimos cuatro años estuvo tratando de rehacer su ida y comenzar otra carrera. Casi un año estuvo sin trabajo. Las puertas no se le abrían para entrar de nuevo en su campo profesional. No podía vender su casa, así es que la alquiló y se mudó a un apartamento menos costoso. El hombre no era perezoso, y sinceramente trató hacer todo lo que pudo para mantenerse. Por cierto que se ofreció como voluntario para ayudar en la iglesia (cuarenta a cincuenta horas por semana) en su tiempo libre.

Durante ese año, nos llamábamos cada semana. Hablábamos; yo trataba de animarlo y orábamos juntos. Un día temprano, ese primer año pensé: *Llamaré de diez a veinte personas que conocen a mi amigo para pedirles que hagan un compromiso financiero con él por un año.* Otro amigo y yo llamamos a varias personas y les preguntamos si podían ayudarlo enviándole cien dólares mensuales. En pocas horas pudimos recoger más de mil dólares, todo entre sus amigos.

Hasta que llamó recientemente, me había olvidado del asunto. Telefoneó para decirme que le iba muy bien y estaba experimentando mucho éxito en su nuevo trabajo. También me dijo: "Sin tu aliento y ayuda durante ese primer año, no lo hubiera logrado."

Eclesiastés 4:10 afirma: "Si caen, el uno levanta al otro. ¡Ay del que cae y no tiene quien lo levante!" Amigos genuinos son aquellos de los que se puede depender cuando la crisis ataca. La ayuda práctica en esos momentos es fidelidad en acción.

¿Es usted fiel a sus amigos? ¿Pueden ellos contar con usted en esos momentos? ¿Les ha dicho que se compromete a decirles la verdad, orando por ellos y siendo leal a ellos? Si no es así, ¿puede apartar tiempo para decirles eso pronto?

Mantener los compromisos

A MENUDO ME PIDEN RECOMENDACIONES para personas que quieren un trabajo, en particular posiciones pastorales en las iglesias. A veces siento indecisión para recomendar a quienes tienen antecedentes de incumplimiento. Esos que renuncian muy temprano o han dejado sus posiciones previas en una manera incorrecta o con asuntos sin resolver, por lo que es difícil para el que les releva seguirlas. En cambio, tengo que advertir a la persona o iglesia que se interesa en el individuo. Por otro lado, cuando los pastores han sido fieles en hacer lo mejor que pueden y cumplen sus compromisos, me es fácil dar recomendaciones destacadas.

La formalidad, la puntualidad y la responsabilidad son todas parte de la fidelidad. Jesús dijo: "El que es honrado en lo poco, también lo será en lo mucho; y el que no es íntegro en lo poco, tampoco lo será en lo mucho" (Lucas 16:10). Cuando su empleador, supervisor o amigo cuenta con usted para hacer algo, ¿lo ayuda?

Enfrentamos retos en el trabajo que hacemos que requieren nuestra fidelidad. Por ejemplo, a veces es aburrido o tedioso. He hablado con personas que tienen la clase de trabajo en los que este tema es una verdadera preocupación. Quizás voltean hamburguesas para McDonald's. Mi consejo para ellos es: "Conviértanse en los mejores volteadores de hamburguesas que puedan. Estudien el arte de voltear hamburguesas. Pregúnteles a las personas hábiles con las hamburguesas cómo lo hacen y vuélvanse expertos en ese ramo." Podemos hallar retos en todo lo que hacemos. La mayoría de las veces depende de nuestra actitud.

Otro desafío es la cantidad de trabajo que nos exigen. A veces parece abrumador. Agréguele a la cantidad de trabajo las interrupciones por las llamadas de teléfono, correo electrónico, cartas y la comunicación con compañeros de trabajo. He conocido personas que simplemente no contestan su correspondencia o correo electrónico ni contestan sus llamadas telefónicas. Mi política particular es tratar de responder cada llamada, el día que se recibe. Si no puedo, le pido a mi secretaria que informe a la persona que llama cuándo podré hablarle. Contesto el correo electrónico en la misma forma. Si no tengo tiempo de dar una respuesta completa a la pregunta de alguien, le contesto ligeramente informándole que responderé pronto y con más detalles. Luego, cuando tengo un tiempo disponible, lo hago. Las cartas deben responderse. Cuando las personas toman un tiempo para preguntar algo, expresando interés u ofreciendo una palabra bondadosa, merecen una respuesta.

Todos necesitamos ser dignos de confianza con las finanzas de la organización para la que trabajamos. Algunos que tienen gastos de representación comen en restaurantes caros y se hospedan en hoteles lujosos gastando el máximo permitido. Necesitamos ser buenos administradores y tratar de vivir como lo haríamos con nuestro propio presupuesto. Ser sensibles con su empleador es parte de la fidelidad. Jesús dijo: "Y si con lo ajeno no han sido honrados, ¿quién les dará a ustedes lo que les pertenece?" (Lucas 16:12). Su empleador lo emplea por un tiempo en particular cada semana. ¿Llega a tiempo? ¿Toma usted muchos descansos y extensos almuerzos? ¿Se va temprano? ¿Y qué de esos por quienes no trabaja directamente pero que asumen que usted tendrá cuidado con lo que ellos poseen? ¿Cómo trata los autos alquilados, los accesorios del cuarto de hotel o algo que le prestan? ¿Es usted digno de confianza?

La fidelidad se practica en la manera en que se vive. Es una forma de vida de la que las personas dependen, la cual Dios conoce bien, y lo ve en nuestras vidas. Pablo instruyó a los creyentes colosenses: "Hagan lo que hagan, trabajen de buena gana, como para el Señor y no como para nadie en este mundo, conscientes de que el Señor los recompensará con la herencia. Ustedes sirven a Cristo el Señor" (Colosenses 3:23-24).

Ray Steadman relata un incidente en su libro Talking to My Father que muestra los resultados eternos de la fidelidad.

Una antigua pareja misionera estuvo trabajando en África muchos años, y regresaron a la ciudad de Nueva York para jubilarse. No tenían pensión; su salud era precaria; y abordaron el mismo barco que el presidente Teodoro Roosevelt, que regresaba de una de sus expediciones de cacería.

Nadie les prestó atención. Observaron la algarabía que festejaba el séquito del presidente, y a los pasajeros que trataban de darle un vistazo al gran hombre.

A medida que el barco avanzaba por el océano, el viejo misionero le dijo a su esposa:

—Algo está mal. ¿Por qué debíamos haber dado nuestras vidas en servicio fiel a Dios, en África, todos estos años sin que a nadie le importáramos? Aquí está este hombre, que viene de cazar y todo el mundo hace ruido con él, sin embargo nosotros a nadie le importamos.

—Querido, no debes sentirte en esa forma —respondió su esposa.

—No puedo evitarlo; no me parece justo.

Cuando el barco atracó en Nueva York, una orquesta esperaba para recibir al presidente. El alcalde y otros dignatarios estaban allí. Los diarios estaban llenos con la llegada del presidente, pero nadie notó la pareja de misioneros. Salieron del barco y hallaron un apartamento económico al este de la ciudad, esperando el día siguiente para ver qué harían para ganarse la vida.

Esa noche el espíritu del hombre se quebrantó. Le dijo a su esposa:

—No aguanto esto; Dios no nos está tratando justamente.

Su esposa respondió: —¿Por qué no vas al cuarto y se lo dices al Señor?

Un breve rato después salió del cuarto, pero con su rostro completamente diferente. La esposa le preguntó: —Querido, ¿qué pasó?

—El Señor lo arregló conmigo —contestó—. Le dije cómo me amargó que el presidente recibiera esa tremenda bienvenida, cuando ninguno nos recibió al regresar a nuestro hogar. Cuando terminé, me pareció que el Señor puso su mano sobre mi hombro y me dijo simplemente: "¡Pero todavía no has llegado a tu casa!"[6]

El premio a la fidelidad es saber que ha sido obediente y entendido que un día Dios dirá: "¡Bienvenido a tu casa, mi siervo fiel!"

ΠUEVE ✦

Humildad

LA FORTALEZA DE LA HUMILDAD

Una que otra vez todos hemos deseado recoger las palabras que dijimos. Quizás una impulsiva expresión ruda o un tono de voz agudo que usamos con nuestro cónyuge o hijos. Tal vez fue irrespeto con un empleado, vecino o alguien que ocupó el espacio de estacionamiento que queríamos. O quizás verbalmente barrimos a alguien que estimamos necesario poner en su lugar. Después de desahogarnos, nos sentimos terriblemente. Fuimos injustos con la persona y entristecimos al Espíritu Santo; además, tuvimos que decidir si pedir disculpas o guardar nuestra conducta inapropiada muy adentro.

La humildad es un fruto del Espíritu esencial para nuestras relaciones, sobre todo aquellas que nos pueden mantener en vilo; esas que tenemos con personas insistentes y ofensivas, que viven en tanto dolor que rechazan nuestros intentos por acercarnos o que nos hicieron perder la paciencia, ya sea por nuestro propio cansancio o por falta de autocontrol de ellos.

En este mundo que "dice lo que siente", nos animan a decirles a las personas un tropel de palabras que los ponga en su lugar o que expongan nuestro punto de vista. Si desea crecer en amabilidad, la televisión no es un buen escenario a imitar, ya que la programación actual está llena de personas gritando, blasfemando y amenazando a los familiares u otros relacionados. En efecto, la televisión puede ser el principal contribuyente a la excesiva hostilidad que vemos y de la que leemos.

La humildad es una disposición moderada, tranquila, no presume y controla sus pasiones. La Nueva Versión Internacional traduce la raíz *praos* como: "humildes" (Mateo 5:5) y "humildad" (Tito 3:2;

Gálatas 5:22). La humildad no se debe entender como debilidad o falta de fortaleza interna. En efecto, quiere decir lo opuesto: fortaleza bajo control. Las personas que son maduras en esta cualidad perdonan a los que los hieren, saben cuando pronunciar palabras de corrección y cuando quedarse callados así como controlar sus propios espíritus. Entienden la fortaleza de ser humildes.

Los griegos usaban *praos* para describir a un animal salvaje cuando era domado. Imagínense un caballo de carreras que es disciplinado para hacer exactamente lo que el jinete le instruye. Sabe cuando correr con todas sus tremendas fuerzas y cuando marcar el paso mientras da la vuelta a la pista. Los cristianos que crecen en humildad son equilibrados, no reaccionan más o menos de la cuenta. Aprendieron a ser moderados con sus responsabilidades, sus conversaciones y sus decisiones; y entienden cuando una aseveración o un silencio están en su orden. La humildad es equilibrada y disciplinada.

Respecto a este fruto, Chuck Swindoll escribe:

De momento, podemos tener una impresión errónea ... En nuestro tosco y duro individualismo, pensamos en la humildad como sinónimo de debilidad, suavidad y falta de carácter. ¡No es así! El término griego es en extremo vital, ayudándonos a captar la esencia correcta de por qué el Señor ve la necesidad de que sus siervos sean humildes. [A diferencia del castellano, en inglés la palabra humilde tiene varios sinónimos como son: gentil, gentileza, tierno, ternura, suave.]

A los términos cuidadosamente escogidos que suavizan las emociones fuertes se les llama palabras "gentiles."

Al ungüento que quita la fiebre y el ardor de una herida se le llama "tierno."

En uno de los trabajos de Platón, un niño le pidió al médico que fuera tierno al curarlo. En este caso el niño usó el término "tierno."

A los que son educados, tienen tacto, son corteses y tratan a los demás con dignidad y respeto los llaman personas "gentiles."

Así que, la humildad implica ... estar quieto y en paz cuando le rodea una atmósfera cargada, irradiando un efecto apacible sobre los que tal vez estén enojados o incómodos, y teniendo tacto y cortesía con la gracia que hace que los demás mantengan su amor propio y su dignidad.[1]

Jesús dijo: "Vengan a mí ... pues yo soy apacible" (Mateo 11:28-29). Las personas inseguras creen que tienen que probar su fuerza o comprobar sus habilidades persuasivas mediante la argumentación. Los que son fuertes internamente y seguros no necesitan comprobar sus puntos constantemente. Aunque Jesús podía mostrar su poder increíble en cualquier momento, era humilde. Así como era de accesible, bueno y humilde, debemos ser nosotros también. Debemos tener controlada nuestra pasión; además, nuestra disposición debe mostrar sencillez y susceptibilidad. La única forma en que podemos hacer eso es dejando a Jesús que nos ayude a ser como él.

La humildad nos puede ayudar a crear mejores relaciones

SENCILLAMENTE, QUIZÁS SE SIENTA que no puede desarrollar una relación con ciertas personas. Examinemos la manera en que el fruto de la humildad le ayudará aun con las personas difíciles. Es posible que los tres grupos más desafiantes sean los que no están de acuerdo con nosotros, esos que nos corrigen y nos fallan.

Las personas que siempre tienen una idea mejor o retan nuestra opinión

Cuando estamos cerca de personas que parecen constantemente no estar de acuerdo con nosotros, nos podemos volver defensivos, callados o taciturnos, o es probable que demos una respuesta controlada. Esa clase de respuesta que no es defensiva ni pasiva. Una racionalizada y bien pensada réplica. A veces damos una simple y calmada contestación verbal al reto de alguien. Otras veces la situación se presta para una respuesta fuerte, pero controlada; porque es lo único eficaz.

Siempre me intrigó el hecho de que "Jesús entró en el templo y echó de allí a todos los que compraban y vendían" (Mateo 21:12). Su afirmación a los comerciantes fue: "Mi casa será llamada casa de oración, pero ustedes la están convirtiendo en "cueva de ladrones" (v.

13). Por la seriedad de la situación, se requería una acción fuerte. Jesús no reaccionó impulsivamente; él sabía con exactitud lo que estaba haciendo.

Explotación en nombre de la religión

Muchos adoradores llegaban al área del templo queriendo, con sinceridad, obedecer a su fe; pero los comerciantes estaban obteniendo lucro de las personas que necesitaban animales para sacrificar. Esto preocupó mucho a Jesús porque era algo opuesto a la naturaleza amable, generosa y misericordiosa de Dios. La respuesta de Jesús a los hipócritas y aprovechadores fue calculada y firme (Mateo 23).

Me preocupan las personas que se sienten explotadas hoy. Veo personas que ministran vendiendo artículos con supuestos poderes curativos u ofreciendo enviar algo a quien necesite sanidad a cambio de una donación. Algunas personas ingenuas, sinceras o heridas responden a esas ofertas pensando que es lo que necesitan para ser sanados. Mientras tanto, el llamado sanador o evangelista recolecta dinero a expensas de la desesperación de otros. La Biblia da ejemplos de las maneras inusuales de Dios para sanar a las personas; sin embargo, los dones, las bendiciones de Dios y su gracia no están a la venta. Con mucha frecuencia, la iglesia se ha mantenido silenciosa ante tal comportamiento inapropiado.

La desviación de la adoración a Dios

El incesante comercio, el ruido, el regateo competitivo por los precios, impedía que la gente pudiera adorar y orar. Aunque el templo de Dios se suponía que fuera "... casa de oración para todos los pueblos" (Isaías 56:7) y el patio del templo era el único lugar donde los gentiles podían orar, también se efectuaba allí la compra y venta. Los que iban a buscar a Dios y a adorarlo se distraían con rapidez y se desilusionaban por el ruido y la falta de reverencia.

Debemos recordar que muchos de los que visitan nuestras iglesias hoy, quieren adorar a Dios con sinceridad. ¿Se sienten bienvenidos en nuestra iglesia o les damos la impresión de que son extraños y no realmente bienvenidos? ¿Qué ven y oyen cuando caminan por el vestíbulo de nuestra iglesia? ¿Cómo interpretan lo que sucede antes o después que el servicio comienza? ¿Captan nuestra reverencia, sinceridad y amor por Dios? Tenemos que ser cuidadosos para facilitar una atmósfera de oración. Las actividades irreverentes, el comportamiento rudo o frialdad puede ahuyentar a los visitantes. Cuando Pablo escribió a los orgullosos corintios, les preguntó: ¿Qué prefieren? ¿Que llegue a verlos con un látigo, o con amor y espíritu apacible? (1 Corintios 4:21). Cuando era necesario, Pablo podía ser confrontador; sin embargo, escogió ser amable lo más posible. Él les escribió a los tesalonicenses: "los tratamos con delicadeza. Como una madre que amamanta y cuida a sus hijos" (1 Tesalonicenses 2:7). Cuando vemos a los curiosos respecto al evangelio, debemos ser delicados y cariñosos. La primera carta de Pedro dice: "Estén siempre preparados para responder a todo el que les pida razón de la esperanza que hay en ustedes. Pero háganlo con gentileza y respeto" (1 Pedro 3:15-16). Muchas veces las personas tratan de hacer que los cristianos discutan sobre su fe, pero una respuesta gentil y bondadosa aunque firme será lo que más recuerden.

¿Y qué de los que se nos oponen con fuerza y agresivamente tratan de probar que estamos errados y ganar espacio a toda costa? No hay duda de que con esta clase de ataque es difícil lidiar; por lo tanto hay que tratarlo con madurez. Podemos responder en varias formas. Primero, podemos dejar que la persona nos asuste y luego tratar de salirnos de la situación tan pronto sea posible, evitando cualquier conversación que se incline al asunto sobre el que tanto insisten. Segundo, podemos volvernos tan agresivo como ellos y dejar que la adrenalina de nuestro enojo nos empuje. O tercero, podemos mantener nuestra respuesta bajo control con el fruto de la humildad.

¿Qué pasa si es nuestro hijo adolescente, esposo, esposa, empleador, vecino o amigo el que nos asustó con su ataque? Si actuamos con temor, declinamos ante la conducta errónea del atacante. No debemos dejar que el temor nos controle, porque si aparentamos una actitud de "paz a cualquier precio", nunca ayudaremos a la persona o lidiaremos con la situación apropiadamente. El miedo no solo nos controlará en esta situación, sino en muchas otras a través de la vida. En vez de correr, podemos escoger advertir al atacante que responderemos más adelante cuando sus emociones se calmen.

Si nota que cada vez que alguien no concuerda con usted, se pone en la defensiva y se enoja, tal vez signifique que es inseguro y que necesita ganar siempre. Cuando alguien esté en desacuerdo con usted y sienta enojo, pregúntese: ¿Por qué estoy enojado? ¿A qué le temo? ¿Qué creo que perderé si cedo? Es posible que su amor propio sea amenazado y tema verse débil si otro gana. Hay varias cosas que puede hacer si se siente así. Primero, cuando se enoje y sienta que es posible que su respuesta sea muy agresiva, fuerte o hiriente, puede decidir no responder en ese momento. Segundo, cuando tiene un desacuerdo con alguien, acuérdese que ninguno tiene que ganar o perder. En cambio, la meta debería ser, hallar la verdad. Cuando la verdad se determina, la discusión se acaba. No debiera marcar la diferencia en quien encuentra la verdad.

Cuando la humildad controle nuestras vidas, no correremos atemorizados ni responderemos enojados ni estaremos inseguros. Al contrario, estaremos controlados y alerta para escoger el tiempo apropiado. Proverbios 15:1 nos dice: "La respuesta amable calma el enojo, pero la agresiva echa leña al fuego." Podemos escoger dar una contestación tierna y amable o ser tan violentos como la persona que hizo el comentario. Si somos amables, lo más probable es que la tensión desaparezca. Una respuesta severa, por otro lado, será como verter gasolina en el fuego.

Santiago nos dice que hay una sabiduría que viene del cielo. ¿Cómo es ella? "Es ante todo pura, y además pacífica, bondadosa, dócil, llena de compasión y de buenos frutos, imparcial y sincera" (Santiago 3:17). Luego Santiago agrega: "En fin, el fruto de la justicia se siembra en paz para los que hacen la paz" (v. 18). En otras palabras, si dejamos que la sabiduría del cielo guíe nuestras acciones y reacciones, seremos los pacificadores de Dios y veremos tremendos resultados en la manera en que las personas nos responden.

La ternura escoge la respuesta correcta. Si se requiere una respuesta fuerte, hay que pensar adecuadamente y ser sensible al tiempo pertinente, con fortaleza llena de humildad.

La gente que nos corrige

¿Cómo responder a las personas que lo aconsejan, corrigen o critican algo que dijo o hizo? La próxima vez que suceda, escúchese usted mismo y trate de evaluar cómo se siente. Una manera en que veo si las personas son maduras en la fe y han crecido en cuanto a la humildad, es teniendo cuidado con la respuesta cuando los aconsejo o corrijo. Los que son realmente humildes no son defensivos ni se enojan. Más aún, agradecen la palabra de corrección.

Aun cuando recibamos crítica o respuestas injustas, nuestra respuesta debe ser guiada por la humildad; la fortaleza bajo control. Quizás desee destrozar al que lo criticó, pero al contrario, debe controlar sus sentimientos y palabras.

El escritor de Proverbios dijo mucho acerca de cómo recibir corrección. "El que atiende a la corrección recibe grandes honores" (Proverbios 13:18). Pero "el que la aborrece es un necio" (Proverbios 12:1). La corrección a veces es difícil de aceptar, sobre todo cuando la persona que la ofrece emplea palabras duras o tono fuerte de voz. Sin embargo, la corrección es necesaria en la vida de todos nosotros, y sería inteligente aceptarla.

Innumerables personas viajan por la vida con puntos ciegos; todos los tenemos de vez en cuando. Son esas partes de nuestras vidas de las que muy pocos o nadie nos puede hablar. Quizás somos muy críticos, conflictivos o defensivos. Tal vez no oímos cuando las personas nos hablan o tendemos a chismear o no podemos guardar un secreto. Son cosas de las cuales necesitamos que alguien nos hable en una forma cariñosa. Si no ponemos atención a la corrección, nuestras relaciones pueden dañarse y nuestro crecimiento cristiano estancarse.

También necesitamos mostrar humildad en la manera en que confrontamos a otros. La familia es el mejor escenario para aprender y crecer en estas habilidades. Los cónyuges y los padres necesitan ser cautelosos en la manera en que les hablan a sus esposas y corrigen a sus hijos. Los esposos no deben ser "duros" (Colosenses 3:19) con sus esposas. La humildad controla su respuesta a ella y sus emociones cuando él ha tenido un día difícil. Pablo instruyó a los padres: "no exasperen a sus hijos, no sea que se desanimen" (Colosenses 3:21). La forma en que los padres pueden asegurarse de anticipar presiones fuertes a sus hijos es dejar que la humildad controle sus palabras y sus emociones.

Muchas veces he aconsejado a hombres que se enojan con sus jefes o en sus trabajos u otra situación y se desquitan con sus esposas o hijos. Esta no es una manera apropiada de lidiar con nuestras frustraciones.

Las esposas deben tener "un espíritu suave y apacible" (1 Pedro 3:4). Esa es una actitud poderosa y persuasiva que puede tener una mujer. Pedro hasta dice que si una mujer se casa con un incrédulo, él se puede "convertir" debido a su belleza interior. A los hombres les atraen las mujeres que tienen sus emociones y palabras controladas. La mayoría de los hombres detestan la confrontación por lo que hacen todo lo posible por evitarla; por eso tratan de llegar tarde a la casa, trabajar largas horas en el garaje o hasta involucrarse en algún comportamiento destructivo. Pero cuando el esposo siente que la paz reina en el hogar y que su esposa encontrará maneras para animarlo, es atraído a pasar todo el tiempo posible allí.

Los hijos deben obedecerle a sus padres, "porque esto agrada al Señor" (Colosenses 3:20). Proverbios 15:5 dice: "El necio desdeña la corrección de su padre; el que la acepta demuestra prudencia." Aunque las reglas, disciplinas o restricciones de los padres estén pasadas de moda, la obediencia a ellos tendrá una recompensa tremenda en la vida. Si los jóvenes desarrollan una actitud cooperativa y aprenden a controlar el deseo de argumentar, tendrán una ventaja sobre los demás en la universidad y en sus profesiones. La humildad puede ser parte hasta de la vida de los pequeñitos. Sus emociones y respuestas verbales pueden estar bajo control a medida que pasan por los años desafiantes de la adolescencia y se vuelven independientes.

Para mantener la paz en el hogar, necesitamos ser "siempre humildes y amables" (Efesios 4:2). Tal vez la decisión más importante que hacemos, muchas veces cada día, es dejar que la humildad controle nuestras emociones y palabras.

La gente que nos falla

Cuando alguien le decepciona o falla, ¿se ha visto tentado a descargarle lo que piensa? Es probable que todos hayamos pasado por eso. Pablo, sin embargo, escribe: "si alguien es sorprendido en peca-do, ustedes que son espirituales deben restaurarlo con una actitud humilde" (Gálatas 6:1). Las personas nos desilusionarán de vez en cuando. Pero recuerde que usted también, a veces, desilusiona a otros.

Si somos duros, insistentes o rápidos para reaccionar, ahuyentare-mos a otros y posiblemente se desanimaran para otro intento. Por otro lado, si perdonamos, animamos y tratamos de explicarles con tacto, lo que puede haber ido mal, y cómo evitar reincidir, podríamos ser los que los ayuden a triunfar.

Cuando a Jesús le preguntaron su opinión respecto a qué hacer con la mujer que hallaron en adulterio (el fariseo quería apedrearla), la protegió y fue sensible a su vergüenza. Aunque no estaba de acuer-do con su conducta, vio la hipocresía de sus acusadores y escogió con cuidado una manera de responder a su pregunta capciosa y a su acti-tud crítica. Los líderes religiosos no supieron qué decir ante la con-testación de Jesús, y ellos y los curiosos se alejaron. Entonces, Jesús habló confidencialmente con la mujer de su pecado y lo que nece-sitaba hacer al respecto. Podemos estar seguros de que esa mujer vio algo asombrosamente diferente en la forma en que Jesús se dirigió a su situación.

¿Cómo responder a las personas que fracasan o son capturadas en algún comportamiento pecaminoso? ¿Se dice usted: "¡Anjá! ¡Los aga-rré! Pensé que tenían problemas", y tal vez hasta se mofa del fracaso de ellos? Así no es como Dios se siente respecto a los pecados y fraca-sos de las personas. Jeremías escribió: "su compasión [la de Dios] jamás se agota. Cada mañana se renuevan" (Lamentaciones 3:22, 23). Y Pablo instruyó que "Los fuertes en la fe debemos apoyar a los débil" (Romanos 15:1).

¿Cómo lo corrige Jesús cuando le falla? Pedro se debe haber sen-tido terriblemente culpable y avergonzado cuando mintió y dijo que no era uno de los discípulos de Jesús (Juan 18:15-27). Pero él había estado temeroso. Había visto a los soldados capturar a Jesús, y no quería que le sucediera lo mismo, así que negó al Señor. Él falló.

Sin embargo, después de la resurrección de Jesús, mostró su con-fianza en Pedro dándole instrucciones: "Alimenta mis ovejas", lo que quiere decir "Cuida a mi gente." Jesús no mencionó la desmentida de Pedro ni le recordó cómo le había fallado. Hizo lo contrario dándole poder para que "siguiera adelante" y que dejara el pasado atrás. Así confirmó Jesús las palabras del salmista: "[El señor] no permitirá que el justo caiga" (Salmo 37:22) y "aunque [el hombre] podrá tropezar, pero no caerá" (Salmo 37:24).

Dave Goetz escribe en su silueta de autor y pastor Stu Weber:

> Al crecer, Weber desarrolló un temperamento que brotó en la secundaria y la universidad. "Después entré al servicio militar" dijo Weber, "lo que no lo ayudó mucho a domar su temperamento ni a desarrollar habilidad relacional."
>
> Temprano en su ministerio, dejó de jugar totalmente en la liga de baloncesto de la iglesia; su temperamento explotaba, avergonzándolo y de paso a la iglesia. Transcurrió una década. "No había tenido un estallido de temperamento por años," dijo Weber. "Pensé, que el Señor había sido bueno. En verdad, estoy creciendo."
>
> Entonces, su hijo mayor fue aceptado en el equipo de baloncesto de la escuela secundaria. "Comencé a vivir de nuevo a través de mi hijo." Weber aterrorizaba a los jueces. En una ocasión, sentado en la segunda fila, concluyó en el nivel de la cancha, sin recordar cómo había llegado allí. Recibió cartas groseras de los miembros de la iglesia, de los que ahora admite: "Estaban absolutamente en lo correcto."
>
> Pero después recibió otra nota: "Stu, conozco tu corazón. Sé que ese no eras tú. Se que quieres vivir para Cristo y su reputación. Y sé que no es lo que ha pasado en estos juegos. Si fuese de ayuda para usted, iría a los juegos y me sentaría a su lado."
> Él fue de uno de sus socios a quien le rendía cuentas.
>
> "Steven me salvó la vida", dijo Weber. "Fue su invitación una amable extensión de la verdad. Asumió lo mejor y creyó en mí."[2]

Cuando hablamos con esos que nos fallan o con los que hemos visto fallarle a otros, debemos saturar nuestras conversaciones con humildad y misericordia. Así como Steve tuvo fe en Stu, nosotros podemos hacer lo mismo con los que nos rodean. A veces lo que una persona necesita es solo un poco de ánimo.

Con frecuencia necesito corregir a un empleado en la organización en que sirvo. Me gusta comenzar el diálogo con elogios, luego le hablo a la persona con la mayor gentileza posible. A menudo digo: "Sé que quiere tener éxito en su programa y usted tiene todas las habilidades y dones con que hacerlo. Me gustaría sugerir unas cuantas cosas que podrían ayudarle."

Dios es misericordioso (tierno) con nosotros y cree en nosotros. Cuando le fallamos no nos rechaza, pero quizás dice algo como lo que Steve le dijo a Stu: "Conozco tu corazón. Sé que ese no eras tú. Sé que quieres vivir para Cristo y su gloria... Si soy de ayuda para ti, iré a los juegos y me sentaré a tu lado."

La humildad puede ayudarnos a responder en situaciones inesperadas

HALLO INTERESANTE observar a las personas tratando con los demás. Wayde me contó un incidente reciente que tuvo cuando puso su maleta en el compartimiento superior del avión. El hombre sentado debajo del compartimiento estaba embriagado y dijo: "Si esa maleta me cae encima, le arrancaré la cabeza."

Wayde no estaba seguro si oyó al hombre correctamente. Pensó que solo bromeaba, así que respondió diciendo: "Excúseme, no entendí lo que dijo."

El hombre entonces repitió en voz alta: "¡Le arrancaré la cabeza si su maleta me cae encima!"

Varias filas de pasajeros frente y tras el hombre quedaron en silencio sorprendidos por su comportamiento repugnante. Wayde lo miró brevemente, aceptando lo dicho y luego se sentó. (A propósito, Wayde mencionó que tuvo ganas de responderle en la misma forma, pero decidió mantenerse controlado y se alegró de haberlo hecho.)

Nunca sabemos como marchará el día ya que trabajamos y vivimos rodeados de personas. La mayoría de los días están llenos de relaciones con personas que tratan lo mejor que pueden por hacer funcionar su vida y llevarse bien. Otros, sin embargo, tenemos experiencias con personas que nos asustan con su comportamiento.

¿Alguna vez ha sido víctima de alguien enfurecido en el camino? ¿Ha sido receptor del estallido de cólera de alguien, posiblemente abusivo? ¿Cómo debemos responder a tal comportamiento? Una cosa es segura; cuando las personas se involucran en actividades incontrolables, es mejor dejarlas pasar sin responder. Déjelas que pasen o digan lo que quieran sin responder. Si comentan al regreso o se enojan, las pueden forzar más allá del límite. Si les conoce o vive con ellos, debe responderles cuando la situación se calma. La humildad ayuda a mantener nuestra respuesta controlada mientras esperamos el tiempo apropiado.

Todos tenemos situaciones en las que los extraños nos ayudan, por lo general muchas veces al día, la mesera, las azafatas, la tintorería, el que atiende en la gasolinera y otros. Pablo nos dijo cómo tratar a las personas: "con humildad consideren a los demás como superiores a ustedes mismos. Cada uno debe velar no sólo por sus propios intereses sino también por los intereses de los demás" (Filipenses 2:3-4). Por lo tanto la mejor manera de hacer amistades y motivar a las personas es ser amigables y respetarlas sinceramente como prójimos y por lo que hacen. Interésese en ellos y recuerde que tienen demandas, plazos de entrega y asuntos personales propios. Es probable que reciba mejor servicio si trata a los demás con comprensión y humildad.

Debido a mi programa de viajes tan ocupado, casi siempre como en restaurantes. A veces oigo clientes muy rudos con las meseras, tratándolas como algo menos que un humano. Me imagino lo que la mesera piensa y su conversación con sus compañeras en la cocina. Póngase en los zapatos de ella. ¿Cómo quisiera que lo trataran si está tratando de hacer lo mejor que puede para servirle a alguien? La regla de oro: Trate a otros como quiere que otros lo traten, es la mejor manera de lidiar con las personas.

Sea fuerte, valiente y contrólese

JESÚS PASÓ UNA TREMENDA cantidad de tiempo enseñando a sus discípulos. Cuando leemos en el libro de Hechos acerca de los sorprendentes milagros y grandes resultados evangélicos que la antigua iglesia experimentó, necesitamos concretar que tras esos poderosos hechos, había una base sólida de enseñanza. Jesús fue cuidadoso al asegurarse de que los discípulos entendieran sus bienaventuranzas, las que contenían las verdades necesarias para una vida exitosa. Entre ellas está: "Dichosos los humildes, porque recibirán la tierra como herencia" (Mateo 5:5).

En nuestro mundo hambriento de poder, agresivo, de ganar a toda costa, la palabra "pobres" suena como "débiles", y eso es lo último que las personas quieren. Después de todo necesitamos sobrevivir y "surgir" ¿No? Bueno Jesús tiene la clave para sobrevivir. Él dice: "Aprendan de mí, pues yo soy apacible y humilde" (Mateo 11:29). Jesús era cualquier cosa menos débil. Él estaba totalmente en control de su vida, y su disciplina personal era extraordinaria.

Jesús dijo: "Aprendan de mí." Quiero ser como él; ¿Y usted? ¿Está dispuesto a dejar que Jesús nos enseñe? Si así es, él le dará la misma enseñanza que le dio a sus discípulos hace dos mil años. Sea dócil, amable, controle su poder y tenga una vida que muestre equilibrio por la forma en que responde a las personas.

Una de las características de la madurez es la habilidad de escuchar a las personas informadas. Proverbios 13:10 dice: "El orgullo sólo genera contiendas, pero la sabiduría está con quienes oyen consejos." Las personas sensatas escuchan a los sensatos; son enseñables. Los líderes de Dios se franquean ante diferentes opiniones y nueva información. Santiago dijo: "Para que puedan recibir con humildad la palabra sembrada en ustedes, la cual tiene poder para salvarles la vida" (1:21). "Humildemente" y "amablemente" vienen de la misma palabra original "mansedumbre." "Humildemente" significa ser enseñable, aprender y obedecer la verdad.

Las personas más piadosas que conozco escuchan los consejos de otros, son enseñables y cuidan la manera en que responden a los demás. Sus palabras son seleccionadas con cuidado. Algunas de esas personas crecieron en hogares donde gritar y pelear era la regla para ganar un argumento. Pensaba que actuarían como los que los influyeron, pero al contrario, actúan como si nunca vivieron bajo esas condiciones. Están llenos de sabiduría, muestran todo menos debilidad y es un gusto estar cerca de ellos. ¿Qué ocurrió con ellos? Se relacionaron con la Vid y comenzaron a producir fruto de humildad.

DIEZ ✦

Dominio propio

CÓMO DOMINAR NUESTRAS PASIONES

Prensa Asociada, AP, recientemente reportó que el presidente de un seminario teológico del Medio Oeste en los Estados Unidos fue despedido luego que los miembros del consejo administrativo determinaron que su temperamento obstaculizaba su liderazgo. El funcionario confesó su "tratamiento incorrecto del enojo" y "después de horas de dramática discusión y entrevistas con él y el vicepresidente, la mayoría de los miembros del consejo concluyó que las expresiones de enojo dañaron irreparablemente su habilidad para dirigir el seminario."[1]

Quien hubiera pensado que después de años de preparación intelectual y estudios profundos de las Escrituras, este presidente perdería su trabajo porque no pudo controlar sus emociones.

Por otra parte, otro artículo reportó que dos pobres refugiados cubanos se volvieron millonarios debido a su habilidad de controlar sus emociones. Humberto y Georgina llegaron a Estados Unidos en 1960. Él aprendió inglés en la escuela de enseñanza secundaria en Long Island, New York; y ella pasó sus primeros años en Los Ángeles. Se conocieron cuando Georgina estudiaba en la Universidad de Miami y se casaron en 1972. Ambos llegaron a trabajar como reporteros de un periódico de Fort Lauderdale, una profesión que raramente conduce a grandes riquezas. Sin embargo, una maestra de matemáticas le enseñó a Humberto la importancia del interés compuesto y temprano, en su matrimonio, la pareja decidió guardar cada dólar que pudieran para invertirlo.

Compraban solo carros compactos y pagaban sus cuentas de tarjetas de crédito por completo cada mes. Compraban en almacenes de descuento, usaban cupones y llevaban su almuerzo en bolsas al trabajo.

Durante unos años la pareja guardó el sesenta y seis por ciento de sus ingresos. En 1987 comenzaron a invertir mil doscientos cincuenta dólares al mes en cinco acciones diversas de fondos mutuales. Esa inversión durante ocho años produjo el crecimiento que los hizo millonarios.[2]

¿Cuál es el secreto del éxito de Humberto y Georgina? ¿Cómo podían venir de un origen tan pobre y lograr tanto, mientras que el presidente del seminario que tuvo tanto, lo perdió tan pronto? La respuesta es dominio propio. Si usted lo tiene o está decidido a obtenerlo, muchas cosas positivas le pueden suceder. Si no lo tiene y piensa que puede ir por la vida sin él, sufrirá por las decisiones poco inteligentes o descontroladas.

He tenido el privilegio de oficiar varios matrimonios. Nunca conocí una novia o un novio que dijera esperar con ansias la posibilidad de llegar a divorciarse. Pero, aproximadamente la mitad de los matrimonios oficiados este año terminarán en divorcio. Las personas se divorcian por un muchas razones, una de las principales es la falta de compromiso que da lugar a las parejas que viven juntos antes del matrimonio. Muchas de ellas quieren disfrutar los privilegios sexuales sin compromiso alguno. La decisión de esperar hasta casarse para practicar el sexo es muy difícil para muchos y la idea de tener dominio propio sobre la sexualidad mientras tienen parejas no es algo que se promueve altamente, sobre todo en la televisión y la industria cinematográfica. Como resultado, las estadísticas muestran que convivir antes del matrimonio contribuye mucho a la tragedia del divorcio.

En el Proyecto de Matrimonio Nacional de la Universidad de Rutgers, el Dr. David Popenoe y Barbara Dafoe Whitehead declararon que aun cuando los matrimonios se mantienen juntos por "una fuerte ética de compromiso, las relaciones de convivencia basadas en sus propios principios tienden a socavar esas normas éticas." La relación de las personas solteras difiere de la de las casadas en su nivel de compromiso y autonomía. "Una vez que este débil compromiso y la decisión de relacionarse se aprende, se hace difícil de olvidar."

El informe de Rutgers, *¿Debemos vivir juntos? Lo que los adultos jóvenes necesitan saber respecto a cohabitar antes del matrimonio*, reporta: "Vivir juntos antes del matrimonio aumenta el riesgo de separarse luego." También reportó que las mujeres que establecen esa relación probablemente duplican las posibilidades, una vez casadas, de ser físicamente abusadas y son tres veces más predispuestas a la depresión.

En 1960 solo 430,000 parejas vivían juntas. Esos números aumentaron diez veces, a 4,236,000, para 1998. Las personas jóvenes no ven ningún perjuicio en esa moda. Por cierto, el reporte indica que cerca de sesenta por ciento de los estudiantes de último grado de secundaria creen que es una buena idea vivir juntos antes de casarse.[3] Muchos de ellos piensan: *¿Por qué no? Es más fácil ceder a los deseos que controlarlos.* Pero ¿es cierto eso?

¿Qué es el dominio propio?

LA PALABRA GRIEGA QUE TRADUCE "dominio propio" o autocontrol es una combinación de dos vocablos: en y *kratos.* En significa "en" y *kratos* significa "fortaleza, autoridad, poder o dominio." Una persona con en *kratos* es alguien que tiene fuerza interna. *Kratos* es una palabra que se usa en nuestro idioma como sufijo, por ejemplo en los términos democrático ("autoridad del pueblo"), teo*crático* ("autoridad de Dios") y auto*crático* ("autoridad propia").

La pregunta que nos debemos hacer es: ¿Quién domina nuestras vidas? A medida que hacemos cientos de decisiones en la semana y sentimos emociones a través del día, ¿quién decide lo que haremos y por qué lo haremos? El dominio propio es una de las habilidades más grandes que podemos tener. Sin embargo, no debemos interpretarla mal y pensar que es nuestra habilidad la que nos da en *kratos.* Este fruto se desarrolla en nuestras vidas cuando permanecemos cerca de Jesús y maduramos en nuestro sendero cristiano. Multitud de personas tienen dominio propio en un área de sus vidas aunque se están destruyendo en otra. Alguien dijo: "Hay hombres que pueden mandar ejércitos, pero no pueden con ellos mismos. Hay hombres que por sus palabras fervientes pueden arrastrar inmensas multitudes, pero no pueden quedarse en silencio ante la provocación o la maldad. La señal más alta de nobleza es el dominio propio. Es superior a la corona real y a la púrpura."[4]

Los antiguos estoicos usaban la expresión *dominio propio* para describir una característica de una persona que podía moralmente controlada cuando era tentada por los placeres mundanos, para mantener así su libertad ética. La noción en el Nuevo Testamento se refiere a permitirle al Espíritu Santo que se apodere de una persona para que pueda voluntariamente abstenerse de cualquier cosa (sobre todo la inmoralidad sexual) que impida el logro de su tarea divina asignada.[5]

El dominio propio o autocontrol es la respuesta a la pregunta: "¿Cómo cohibirnos de ceder a los actos de naturaleza pecaminosa?" (Gálatas 5:19). Pablo comenta que las acciones pecaminosas son claras: "inmoralidad sexual, libertinaje e impureza; idolatría y brujería; odio, discordia, celos, ataques de furia, ambiciones egoístas, desacuerdos, facciones y envidia; embriaguez, orgías y lo parecido" (vv. 19-21). La lista de comportamientos puede parecer extremada, pero verdaderamente no es extraña en las historias que podríamos leer en el diario de hoy. Personas, sí, aun personas cristianas, pueden hacer eso que Pablo mencionó. Esta es una de las razones por las que quería que nosotros comprendiéramos la diferencia entre ceder a un deseo natural y caminar en el Espíritu. El origen pecaminoso es parte de toda nuestra vida y la única manera de controlarlo es viviendo por medio del Espíritu.

Creemos con firmeza que Dios ideó que la lista de frutos en Gálatas 5:22-23 comenzara con amor y terminara con dominio propio. La habilidad de autocontrolarse llega como resultado de nuestro crecimiento en las ocho cualidades anteriores. Todo el fruto trabaja unido a medida que las personas con experiencia enfrentan situaciones y tentaciones en la vida. No importa lo que nos llegue, ya sea persecución, estrés o un deseo incorrecto, debemos tratar la situación como Jesús lo haría. Él usó todo el fruto al enfrentar personas y situaciones difíciles.

Si somos cariñosos, estamos alegres. Cuando tenemos amor y alegría, tenemos paz. Cuando tenemos amor, alegría y paz, a eso lo acompaña la paciencia. La amabilidad procederá naturalmente de una disposición amorosa, alegre con paz, paciencia y bondad. Con estas porciones del fruto trabajando se establece la base del dominio propio, lo que nos permite vivir equilibrados y nos da fuerzas para enfrentar los excesos.

Cómo crecer con dominio propio

EN EL *Lord of the Rings* [Señor de los aros], J.R.R. Tolkien describió un aro misterioso y mágico que tenía gran poder. Cada persona que lo tocaba se consumía con el deseo por poseerlo. Pero lo que no sabían es que se esclavizaron a él.

La persona que se enredó en el control del aro es Frodo. Gandalf le advierte a Frodo que cuanto más use el aro, más controlará este al que lo usa.

> —Si me hubieras advertido —dijo Frodo— o por lo menos enviado un mensaje, me habría deshecho de ella.
>
> —¿Lo harías? ... ¡Inténtalo! —dijo Gandalf—. ¡Trata ahora!
>
> Frodo sacó el aro de su bolsillo, de nuevo, y lo miró ... Intentaba arrebatárselo y tirarlo a la parte más ardiente del fuego. Pero se dio cuenta de que no podía hacerlo sin luchar. Así que aguantó el aro en su mano, titubeando y esforzándose por recordar todo lo que Gandalf le dijo; y entonces con un gran esfuerzo hizo un movimiento, como si lo tirara, pero se dio cuenta que lo había puesto de nuevo en su bolsillo.
>
> Gandalf se rió con malicia. "¿Ves? Ya no lo puedes dejar ir con facilidad, ni tienes voluntad para dañarlo. Y no podría hacerte hacerlo, excepto a la fuerza."[6]

Así como el aro esclavizó a Frodo, los placeres y las actividades y comportamientos aparentemente inocentes, nos pueden esclavizar.

Por ejemplo, las compañías están continuamente promoviendo nuevos programas para perder peso. ¿Por qué? Porque a pesar de que la comida es necesaria para vivir, muchas personas se esclavizan a ella. No saben cómo comer en una forma moderada, ni tampoco cuándo parar. De igual forma, se hacen adictas a medicamentos prescritos intentando ayudarse con ellos. Las personas también se hacen adictas al trabajo, a los deportes, a la televisión, al ejercicio, al sexo y a otras actividades que no son malas si se hacen con moderación y de acuerdo a los principios de Dios, los que se encuentran en la Biblia. Sin dominio propio cualquier hábito dañino o comportamiento puede controlarnos. Proverbios 25:28 dice: "Como ciudad sin defensa y sin murallas es quien no sabe dominarse."

Cómo lograr el autocontrol

¿SE SIENTE FUERA de control? Si es usted padre o madre de niños pequeños, probablemente ha tenido momentos de desesperación cuando ha querido levantar sus manos y gritar: "Nunca seré un buen padre." Recuerde que Dios le ayudará en cada aspecto de su vida. Una madre le escribió al Dr. James Dobson respecto a una experiencia frustrante y descontrolada con su hijo.

Estimado Dr. Dobson:

Hace unos meses, estaba haciendo varias llamadas telefónicas en una sala donde mi hija de tres años, Adrianne, y mi hijo de cinco meses, Nathan, estaban jugando en silencio. Nathan ama a Adrianne, y ella está aprendiendo a cuidarlo como una madre desde que nació. De pronto me percaté de que ya no veía a los niños. Llena de pánico, colgué el teléfono y fui a buscarlos. Recorrí el pasillo y pasando la esquina, los encontré jugando en el cuarto de Adrianne.

Aliviada y molesta, grité:

—¡Adrianne, sabes que no debes cargar a Nathan! ¡Él está muy pequeño y lo puedes golpear si se cae!

Asustada, contestó: —No lo hice mami.

Consciente de que no podía gatear, le exigí en forma sospechosa:

—Bueno, entonces, ¿cómo llegó a tu cuarto?

Confiada de mi aprobación por su obediencia, dijo con una sonrisa:

—¡Lo rodé!

Aún está vivo y todavía son buenos amigos.

Sinceramente,[7]

Esta carta es probable que le recuerde algún día en que le pareció no poder tomar control de nada. Todos tenemos días así. Parte de comprender el fruto en su vida es saber que puede seguir tratando, seguir laborándolo, y llegará un día cuando podrá ver atrás y observar su crecimiento. Quizás también vea beneficios emocionales, sicológicos y sociológicos.

Hay un creciente cuerpo de evidencia científica, además de estudios médicos, que confirman que los que asisten con regularidad a la iglesia y son consecuentes con su fe están mejor física y mentalmente.[8] Aunque no es un cristiano profesante, el profesor de Harvard, Herbert Benson, reconoce que los humanos son "ingeniados para tener una fe religiosa." Nosotros estamos "relacionados con Dios ... Nuestros genotipos han convertido el creer en una parte infinitamente absoluta de nuestra naturaleza."[9] Considere algunos de los siguientes resultados.

Abuso de alcohol

El abuso de alcohol es más alto entre los que tienen poco o ningún compromiso religioso.[10] Un estudio encontró que cerca de ochenta y nueve por ciento de los alcohólicos dicen haber perdido interés en la religión durante su juventud.[11]

Abuso de drogas

Numerosos estudios confirman una relación inversa entre compromiso religioso y abuso de drogas. Entre las personas jóvenes, la importancia de la religión es que es la única que pronostica las pautas del abuso de sustancias. Joseph Califano, antiguo secretario del Ministerio de Salubridad y Servicios Humanos, y jefe del Centro de Adicción y Abuso de Sustancias de la Universidad de Columbia, recientemente dio los resultados de un estudio de tres años que muestra la relación entre el abuso de sustancias y el crimen. Ochenta por ciento de los actos criminales tenían que ver con alcohol o drogas.[12] Él dijo: "Todos aquellos que sé que dejaron de usar drogas o alcohol con éxito, han tenido a la religión como la clave de su rehabilitación". Califano ahora patrocina con vigor los fondos públicos de programas para tratamiento de drogas que "proveen para las necesidades espirituales."[13]

Depresión y estrés

Varios estudios comprueban que los altos niveles de compromiso religioso se relacionan con los niveles más bajos de depresión y estrés.[14] En una encuesta Gallup, los que contestaron con un fuerte compromiso religioso

fueron dos veces más aptos para describirse como "muy felices."[15] Armand
Nicholi, profesor de Sicología en la Escuela de Medicina de Harvard y
muy profundamente entregado creyente, argumenta que de acuerdo con
su experiencia, los cristianos son menos propicios a experimentar un des-
orden mental, que sus homólogos seculares. ¿Por qué? Porque "la única
facción que caracteriza a todos los tipos de depresión" es "el sentimiento
de desesperación e inutilidad," y los cristianos nunca están sin esperanza.[16]

Suicidio

Las personas que no asisten a la iglesia son más propensas a come-
ter suicidio que los que van con frecuencia. Por cierto, la falta de asistencia se relaciona más con la cantidad de suicidios que con cualquier
otro factor de riesgo, incluyendo el desempleo.[17]

Estabilidad familiar

El proyecto clásico de investigación sociológico "Middletown"
estudió tres veces a los habitantes de un pueblo típico estadounidense,
primero en los años 1920 y por tercera vez en los ochenta. La información
sobre este período extendido indicó una clara "relación entre la solidaridad
familiar, la salud de la familia, por decir, y la afiliación a una iglesia y su
actividad."[18] En un estudio de los factores que contribuyeron a las familias sanas, ochenta y cuatro por ciento de los núcleos familiares fuertes
identificaron a la religión como un aporte esencial a su fortaleza. Aun otro
estudio halló que los padres afroamericanos vieron la influencia de la iglesia como significativa en la crianza de sus hijos con su aporte en materia
de guías morales.[19] Un estudio en 1978 encontró que la asistencia a la iglesia prevenía la satisfacción matrimonial mejor que cualquier otra variable.[20]

Salud física

Las investigaciones han demostrado que las pacientes de mater-
nidad y sus recién nacidos tienen menos complicaciones médicas si las
madres tienen una afiliación religiosa. Pertenecer a un grupo religioso
puede bajar la presión de la sangre, aliviar el estrés y mejorar las oportunidades para sobrevivir después de un ataque al corazón. Los pacientes
operados del corazón con una fe religiosa fuerte son más propensos a

sobrevivir la operación. Los hombres y mujeres de edad avanzada que asisten a los servicios de adoración, están menos deprimidos y más saludables físicamente que sus compañeros sin fe religiosa. También están más saludables que los que no asisten a los servicios religiosos pero los ven por televisión en sus casas.[21]

Esto no quiere decir que toda persona cristiana es saludable, feliz y exitosa; sin embargo, hay evidencia convincente de que una de las garantías mejores de una vida controlada es una relación con Cristo Jesús. El autor Patrick Glynn escribió en *God: The Evidence* [Dios: La evidencia]: "Entre los determinantes más importantes de la felicidad humana y el bienestar están nuestras creencias espirituales y las opciones morales."[22] La experiencia clínica, las estadísticas y los datos estudiados brindan una declaración poderosa en cuanto a la típica condición humana.

Cómo entender el dominio propio y la disciplina

EL DOMINIO PROPIO y la disciplina trabajan juntos. Pablo escribió a los creyentes corintios: "¿No saben que en una carrera todos los corredores compiten, pero sólo uno obtiene el premio? Corran pues, de tal modo que lo obtengan. Todos los deportistas se entrenan con mucha disciplina. Ellos lo hacen para obtener un premio que se echa a perder; nosotros, en cambio lo hacemos, por uno que dura para siempre" (1 Corintios 9:24-25). Aquí Pablo nos enseña filosofía e instrucción en cuanto a cómo ganar en la vida hasta que alcancemos el cielo. Él expresa varias verdades.

La vida es una carrera

Ningún atleta gana a menos que esté en condiciones excelentes. Lo maravilloso de la cristiandad es que, por la gracia de Dios, todos los creyentes pueden estar en buenas condiciones. Pablo dijo: "Todo lo puedo en Cristo que me fortalece" (Filipenses 4:13), y esto es cierto para cada uno de nosotros. Lo que antes de llegar a Cristo nos descontrolaba, ahora lo podemos controlar, porque él nos da la habilidad. Ganar la carrera de la vida requiere mantenernos controlados. Proverbios 16:32 nos dice: "Más vale ser paciente que valiente; más vale dominarse a sí mismo que conquistar ciudades."

Para ganar la carrera se requiere disciplina

El pastor y líder Paul Walker relató esta experiencia:

Un día frío cuando jugaba fútbol en West Virginia, el campo estaba cubierto con una combinación de agua y nieve. No fue uno de los juegos más agradables. Recuerdo que al salir del campo de juego no quería reincorporarme a jugar. Así que fui a la última banca y me puse una gorra sobre mi cabeza, tratando de esconderme. El entrenador volvió a verme y dijo: "¿Qué te pasa, Walker? ¡Es muy temprano para rendirse!" De pronto noté que uno nunca se debe rendir.[23]

La disciplina es esencial para la carrera de la vida. Nuestra generación sufre de falta de determinación. Necesitamos disciplinar nuestros cuerpos con constancia, evitando actividades dañinas. Debemos disciplinar nuestro pensamiento siendo cuidadosos en lo que leemos, miramos o pensamos. Debemos determinarnos a alimentar nuestras mentes con verdad y pureza. Debemos disciplinar nuestra vida espiritual desarrollando hábitos de estudio de la Biblia, meditación, ayuno y oración. Pedro dijo: "Esfuércense por añadir a su fe, virtud; a su virtud, entendimiento; al entendimiento, dominio propio" (2 Pedro 1:5-6). No solo queremos ponernos en buena forma, deseamos ganar y no perder.

Necesitamos saber hacia dónde vamos

Todos conocemos personas que parece que no saben a dónde van en la vida. No estoy hablando de los que cambian de profesión o se mudan de una parte del país a otra. Hablo de la vida. No han hecho un compromiso por servir a Cristo y ser obediente a sus mandamientos. Es probable que asistan a la iglesia a veces o lean sus Biblias, pero no han decidido morir y vivir por Dios. Para ganar la carrera de la vida eterna, necesitan decidir que es lo que quieren y cambiar de dirección.

Necesitamos saber el valor de llegar a la meta

Jesús dijo: "Yo he venido para que tengan vida, y la tengan en abundancia" (Juan 10:10). El precio de la vida eterna vale el entrenamiento estricto y la negación de nuestra naturaleza pecaminosa. Si mantenemos nuestra vista en la meta y no dejamos que nada nos distraiga, entenderemos que todo eso vale la pena cuando lleguemos al cielo.

No podemos ayudar a otros a ser ganadores a menos que lo seamos nosotros

Cuando otros observen nuestras vidas y nos vean cosechando éxitos mientras vencemos los hábitos dañinos y las tentaciones, recibirán ánimo y verán que también pueden triunfar. Se preguntarán qué es lo que mueve nuestras vidas. ¿Cómo mantenemos nuestras vidas disciplinadas y nuestros matrimonios dando resultado? ¿Cómo evitamos los hábitos destructivos? ¿Por qué tenemos una paz poco común a pesar de los pesares de la vida? Cuando nos ven ganando la carrera de la vida, se preguntan dónde obtuvimos todas nuestras habilidades. Nuestra respuesta es que pueden conocer al mismo Jesús que nosotros, y él les dará capacidad para que también sean ganadores.

No ver atrás

SI QUEREMOS crecer en cuanto al *dominio propio*, no podemos dejar que nuestros errores nos convenzan de que nunca alcanzaremos una vida triunfante. Algunos permiten que sus fallos los paralicen y dejan de intentarlo. Quizás trataron de alcanzar una educación universitaria pero no lo lograron; o tuvieron lo que creían un buen matrimonio, pero fracasó; o solicitaron cierto trabajo y fueron rechazados; o pecaron y sienten que nunca estarán de nuevo en relación con Dios. En Cristo podemos poner nuestro pasado tras nosotros. Pablo dijo: "Una cosa hago: olvidando lo que queda atrás y esforzándome por alcanzar lo que está delante, sigo avanzando hacia la meta" (Filipenses 4:13-14).

Florence Chadwick fue la primera mujer que cruzó a nado el Canal de la Mancha en ambas direcciones. Pero cuando intentó nadar desde las Islas Catalinas hasta la costa de California, la neblina estaba tan espesa que casi no podía ver los botes de su equipo. Nadó mas de quince horas antes de pedir que la sacaran del agua. Su entrenador trató de convencerla de que siguiera, ya que estaban muy cerca de la orilla, pero cuando Florence miró, solo vio neblina. Así que se detuvo solo unos metros antes de llegar a su meta. Más tarde dijo: "No me estoy disculpando, pero si hubiera podido ver tierra, tal vez habría llegado." Dos meses después de su primer intento, fue a la misma playa hacia el mismo canal y nadó la distancia, estableciendo un nuevo récord de velocidad porque podía ver tierra.[24]

Si constantemente miramos atrás a nuestros fracasos o las veces que no logramos una meta, dejaremos que el desaliento entre en nuestras vidas y no tendremos voluntad para intentarlo de nuevo. Podemos aprender de nuestros errores y hacernos mejores personas, pero no debemos estancarnos en el pasado.

Muchos tratado de dejar un hábito destructivo, controlar sus enojos o desarrollar una disciplina solo para fallar una y otra vez. Como cristianos tenemos una ventaja. Podemos orar, buscando el perdón de Dios por alguna conducta pecaminosa y pedirle maneras para vencer nuestros hábitos. Podemos olvidar "lo pasado" y perseguir la meta.

Sus sentimientos pueden pasar inadvertidos

LAS EMOCIONES Y LOS SENTIMIENTOS POSITIVOS ciertamente agregan sazón a la vida, pero muchas personas dependen de sus sentimientos para determinar que clase de día tendrán o si debieran comprar algo que desean. A veces, sin embargo, los sentimientos pueden engañarnos.

Para obtener más dominio de uno mismo, necesitamos poder controlar nuestros sentimientos. La sociedad constantemente nos bombardea con la idea de que sigamos nuestras emociones. El crédito instantáneo nos permite comprar cualquier cosa que *creemos* necesitar. Y como las personas no controlan sus impulsos de gastar, hoy hay más bancarrotas que nunca.

Los anunciantes apuntan a nuestras emociones. Si pueden convencer a nuestros sentimientos de que necesitamos algo, lo más posible es que compraremos lo que están promoviendo. Así los anuncios en televisión, promueven productos y lugares de vacaciones, y tratan de convencernos de que necesitamos un carro nuevo o un sistema de entretenimiento porque el viejo no tiene todo lo avanzado.

Las personas se enamoran y desencantan, tienen días buenos y malos, actividades sanas y perjudiciales, dependiendo mucho de la manera en que se sienten emocionalmente. Los estudiantes deciden estudiar o evitar los libros porque sienten necesidad de ver televisión o hacer otra cosa. Las personas evitan trabajar porque emocionalmente no pueden involucrarse.

¿Alguna vez ha oído algo como el "Lunes triste"? Es el principio de la semana de trabajo, escuela o el día que uno regresa de vacaciones. Dado que algunas personas no quieren regresar a trabajar después de estar libre un buen fin de semana, llaman diciendo que están enfermos o van al lugar de trabajo con mal carácter.

El siquiatra británico Giles Croft, de la Universidad de Leeds, decidido a descubrir la legitimidad de la tristeza del lunes, separó primero a varios voluntarios en tres grupos. Al primer grupo le dio un reporte declarando la legitimidad de la tristeza del lunes y al segundo uno que negaba la existencia de tal tristeza. El tercer grupo no recibió nada. Croft encontró que el primer grupo era el que probablemente clasificara el lunes como el peor día de la semana. Por lo que concluyó que la manera en que las personas esperan sentirse, afecta como se sentirán.[25]

Pueda que tengamos sentimientos impropios que nos impulsen a hacer algo que es física, mental o espiritualmente dañino. La tentación se alimenta de nuestros sentimientos, y es allí donde debemos ganar en la batalla contra el pecado y el comportamiento que pueda empujar nuestras vidas fuera de control. Pablo escribió: "Dios ha manifestado a toda la humanidad su gracia, la cual trae salvación y nos enseña a rechazar la impiedad y las pasiones mundanas. Así podremos vivir en este mundo con justicia, piedad y dominio propio" (Tito 2:11-12). "Hoy día" hay una multitud de tentaciones y atracciones que nos pueden desviar el rumbo. Pero la gracia de Dios es más poderosa que cualquier anuncio de televisión, deseo, mal sentimientos o tentación. Su gracia nos enseña a decir: "¡No! No haré eso. No importa cómo me *sienta* al respecto; tendré dominio propio." Podemos controlar nuestros depresiones diciendo: "Tendré un buen día y me alegraré con todo lo que Dios hizo por mí." Esto no es solo confesión positiva; es realidad. Dios ha hecho mucho por todos nosotros.

Otra manera de controlar los deseos es escogiendo con cuidado la compañía con quien andamos. Pablo advirtió: "Las malas compañías corrompen las buenas costumbres" (1 Corintios 15:33). Las emociones pueden ser contagiosas. Si pasamos mucho tiempo con los que son manejados por las emociones en vez de razonar, es posible que terminemos queriendo hacer lo que ellos quieren. Si tenemos amigos que se "enojan con el mundo", probablemente nos volveremos como ellos. Proverbios 22:24 nos advierte: "No te hagas amigo de gente violenta, ni te juntes con los iracundos, no sea que aprendas sus malas costumbres y tú mismo caigas en la trampa." Por otro lado, si nos asociamos con gente de buen carácter que controla sus emociones, probablemente ejerzan una buena influencia en nosotros.

Uno puede decidir vencer los malos deseos. Aunque la tentación, el desanimo y a veces hasta la depresión son comunes en la vida, no necesitamos dejar que esos sentimientos nos controlen. Podemos escoger seguir el consejo de Pablo: "Consideren bien todo lo verdadero, todo lo respetable, todo lo justo, todo lo puro, todo lo amable, todo lo digno de admiración, en fin, todo lo que sea excelente o merezca elogio. Pongan en práctica lo que de mí han aprendido, recibido y oído, y lo que han visto en mí, y el Dios de paz estará con ustedes" (Filipenses 4:8-9).

Permita que el Espíritu Santo dirija su vida

EL ESPÍRITU SANTO TIENE todo controlado. Él tiene el equilibrio perfecto y nunca trabajará fuera de los límites de la verdad. Él sabe cuándo el enojo es mucho y cuándo el temor no es sano. Sabe cuánto dominio propio podemos tratar y cuándo necesitamos descansar. Él cultiva, con nuestro permiso, el fruto del dominio propio en nuestras vidas.

El dominio propio no es solo algo que determinamos hacer por nuestra parte; es el fruto de la presencia de Dios en nuestras vidas. Pablo escribió: "Vivan por el Espíritu, y no seguirán los deseos de la naturaleza pecaminosa" (Gálatas 5:16).
Vivir por el Espíritu quiere decir que obedecemos las instrucciones del Espíritu Santo respecto a la manera de vivir. El teólogo Gordon Fee escribió en su libro *God's Empowering Presence* [La poderosa presencia

de Dios]: "Las personas con ánimo marchan a un ritmo diferente, y el Espíritu los habilita para vivir en tal manera que sus vidas son evidencia de ese hecho: sus comportamientos son decididamente de carácter diferente a los de sus vidas anteriores... Las personas con ánimo caminan en el Espíritu con el que comenzó su vida en Cristo, por lo tanto no caminarán en la misma forma de su pasado pagano."[26]

Cuando vivimos por el Espíritu obedecemos la Palabra de Dios. Evitamos situaciones y cosas respecto a las cuales sentimos convicciones. El Espíritu Santo nos ayuda a sentirnos sensibles cuando perdemos el equilibrio; luego decidimos volver al equilibrio. Somos cuidadosos con lo que decimos, siguiendo las instrucciones del Espíritu Santo. El Espíritu Santo que vive en nosotros nos ayuda cuando enfrentamos batallas con la tentación, el pecado, los rumores, excesos, desánimo o cualquier otra cosa. No es nuestro esfuerzo que nos permite vencer; si no que, el Espíritu de Dios nos ayuda a controlarnos y a vivir por el Espíritu. Pablo les escribió a los filipenses que "Dios es quien produce en ustedes tanto el querer como el hacer para que se cumpla su buena voluntad" (2:13).

¿Quién controla su vida?

CARL LINQUIST ESCRIBIÓ EN su libro *Silent Issues of the Church* [Asuntos silenciosos de la iglesia]:

> Henry Wingblade decía que la personalidad cristiana está profundamente oculta dentro de nosotros. No es visible, como la sopa que lleva el mesero en una sopera encima de su cabeza. ¡Nadie sabe lo que está adentro, a menos que el mesero se caiga!
>
> Así mismo, la gente no sabe lo que está dentro de nosotros hasta que nos tumban. Pero si Cristo está viviendo dentro, lo que se derrama es el fruto del Espíritu.[27]

Uno puede estar pensando: *Eso es cierto, pero lo que se derrama fuera de mi vida es muy diferente al fruto del Espíritu.* Sinceramente no queremos que se ponga en un estado de culpabilidad. No queremos que se sienta abrumado o frustrado, pensando que no hay manera de poner su vida en orden. Si está pensando: *He probado y probado y probado; no tengo la habilidad para esto, así que solamente seré como soy y dejar que la gente me acepte tal cual*, entonces lo animamos a que deje de tratar de hacerlo por sí mismo, porque no puede hacerlo solo. Producir el fruto del dominio propio no es algo que llega naturalmente; es algo sobrenatural. Por lo tanto, usted necesita la ayuda de Dios.

Permita que Dios le enseñe su amor y su misericordia. Déjelo que lo llene de él. Entregue su vida en forma completa a Cristo y determine que lo va a amar con todo su corazón, alma y mente. Al hacer eso, déjelo expresar sus atributos a través de su comportamiento y en la forma que usted trata a las personas. Enfóquese en él y llénese tanto de Cristo que brote e impacte a todos con los que se asocie. Si no tiene el hábito de leer la Biblia, comience leyendo el Nuevo Testamento y pídale a Dios que le hable. No trate de comprenderlo todo; solo esté alerta a la personalidad amorosa, alegre, pacífica, paciente, amable, bondadosa, fiel, humilde y autocontrolada de Dios. Subraye o memorícese los versículos que hablan de su amor por usted, o de su bondad y misericordia hacia usted.

Cuando termine de leer, piense en lo que leyó y luego busque un lugar para orar. Puede orar caminando, sentado, acostado en el suelo o conduciendo su carro. Trate de orar en cuanto a lo que la Biblia le dijo. Sea sincero con Dios y reconozca que parece imposible hacer las cosas a su modo. Háblele de sus fracasos y desilusiones. Él le conoce mejor que usted mismo y le lo ama más de lo que se imagina. Dígale una y otra vez: "Gracias por tu perdón absoluto para mi vida. Gracias por tu amor y compasión conmigo. Gracias por no desistir de mí."

Deje que Dios controle su vida. Cuando lo haga comenzará a actuar como él. Usted le recordará a las personas a Cristo a medida que produce su fruto en una forma sobrenatural en usted.

Gane la batalla interior

El poder de una vida victoriosa

Algunas de las mejores manzanas del mundo crecen en el lindo Valle Yakima de Washington. La fruta es cuidadosamente cultivada a punto de excelencia. El solo hecho de conducir el auto al lado de esos hermosos huertos, temprano en el otoño, me provoca hambre.

La familia Nyberg han sido dueños de uno de esos huertos por décadas. Como otros granjeros, ayudan a suplir nuestras mesas en las cocinas con manzanas. Para los Nybergs, el resultado final es, producir fruta de calidad y tanta de ella como sea posible.

Hace poco, llamé por teléfono a Fred Nyberg y le pregunté cuál era su secreto para producir un fruto tan exitoso. Me mencionó varias cosas que me recordaron lo que Dios hace en la vida de los cristianos, ayudándonos a producir su fruto. Aunque el huerto de Nyberg goza anualmente de una cosecha excelente, él habló de su vecino. Y dijo:

> Hay un huerto al norte del mío. Cada semana el agricultor riega elementos pequeños en los árboles como alimento para las hojas. Esos árboles reciben excelente cuidado incluyendo el mejor sistema de irrigación, además la huerta es podada continuamente. A veces me pregunto cómo puede costear lo que gasta. Un día caminé por su mejor cuadra. El tamaño de su fruta era enorme y el color de la hoja era un verde muy oscuro. Celaba su huerto. Cuando admiraba su fruta, pensé en cómo debemos permanecer en Cristo para producir su fruto. Los árboles de mi vecino extraen su vida de la misma agua y el mismo tipo de tierra que los míos,

a solo unos cuantos metros. Mis árboles están en buena condición y nuestro programa de nutrición es bueno. Pero él le ha dado a los suyos el nivel máximo de nutrición necesaria y como resultado, sus árboles están en fantásticas condiciones, no solo buenas.

Dios está interesado en que ustedes y yo mostremos mucho fruto del Espíritu. Jesús dijo: "Mi Padre es glorificado cuando ustedes dan mucho fruto y muestran así que son mis discípulos" (Juan 15:8).

Tres diferentes clases de fruto se mencionan en el Nuevo Testamento. Una es la clase que comemos, otra son los hijos y la tercera es el fruto espiritual que hemos enfocado en este libro. Cuando producimos fruto característico de Jesús, el Padre es glorificado. ¿Cómo podemos desarrollar esa clase de fruto? Saber quién es nuestro enemigo y comprender lo dedicado que Dios está a nuestro crecimiento, son clave para que nuestro fruto brote.

Los granjeros luchan contra los elementos; nosotros luchamos contra la carne

LOS GRANJEROS SABEN MUY bien los desafíos que el clima puede traer en verano e invierno. Dependiendo de la etapa del crecimiento, los árboles pueden sufrir mucho cuando experimentan condiciones adversas. Fred Nyberg dijo:

Dos veces en mi experiencia de horticultor, en el corazón del invierno, he pasado por temperaturas de más de veinte grados bajo cero durante más de cinco días. Mi vivero y los árboles de la huerta se dañaron al punto en que la capacidad del árbol para extraer vida de las raíces era imposible; o en algunas de las maderas, los tejidos fueron destrozados. La habilidad del árbol para extraer vida se terminó. A unos de los árboles que tenemos, les cortamos el centro de la rama y encontramos que están oscuros y en parte muertos, por lo tanto, no pueden bombear las necesitadas cantidades de agua y nutrimentos a las hojas y las ramas. Algunos de los daños fueron tan severos que tuvimos que destruir el árbol, mientras que para salvar a otros, les cortamos las peores ramas. Sin la capacidad para extraer vida de la tierra y del agua, el árbol no sirve.

Así como los agricultores de fruta en el Valle Yakima luchan con los inviernos muy fríos, los veranos muy secos y los elementos naturales, nosotros también enfrentamos una batalla constante. Si nuestras raíces no están profundas en Cristo, podemos ser terriblemente afectados por el estrés, las pruebas y las tentaciones de la vida.

La gran lucha dentro de cada cristiano es entre la naturaleza pecaminosa y el Espíritu. Pablo dijo: "Los dos se oponen entre sí" (Gálatas 5:17). Esta naturaleza pecaminosa, que estará con nosotros todas nuestras vidas, se opone al interés y deseo del Espíritu. Sin embargo, como creyente en Cristo Jesús, usted tiene una ventaja sobre su naturaleza pecaminosa. Puede escoger vivir por el Espíritu o morir en las pasiones de la carne. Pablo dijo: "... cada día muero ..." (1 Corintios 15:31). Una persona que cede a la naturaleza pecaminosa puede que manifieste algunas características virtuosas, pero el que vive por el Espíritu manifestará todo el fruto del Espíritu.

En Gálatas 5:19-21, Pablo enumera quince actos de naturaleza pecaminosa que pueden dividirse en cuatro categorías: *sexo ilícito* (inmoralidad sexual, impureza y libertinaje), *adoración ilícita* (idolatría y brujería), *ruptura de relaciones con personas* (odio, discordia, celos, arrebatos de ira, rivalidades, disensiones, sectarismos y envidia) y *excesos* (borracheras y orgías).

Pecados sexuales

El primero es la *inmoralidad sexual* o fornicación. Esto denota cualquier relación sexual fuera del matrimonio. El segundo, *impureza* o suciedad, se refiere al estilo de vida inmundo de la persona que usa mal el sexo. El tercero, *libertinaje* o forma licenciosa, describe la actividad de la persona con conducta sexual descontrolada. El teólogo F.F. Bruce comenta que un estilo de vida licencioso "Desecha toda restricción y se vuelve ostentosa, "sin temor a la vergüenza o temor"... sin consideración al amor propio, por los derechos y sentimientos de otros o por decencia pública".[1]

Mirando la lista de Pablo de los pecados sexuales, no podemos dejar de pensar en el tiempo en que vivimos. El sexo es un gran negocio hoy, y a los productores de televisión les gusta presentar con ostentación sexo gratuito para conseguir audiencia. Muchos programas de televisión comunican que las relaciones sexuales son aceptables fuera del matrimonio. Esa atmósfera de menos y menos restricciones, lenguaje sexual, comportamiento y actitudes negativas puede entrar en nuestros hogares por medio de Internet, vídeos, películas, dramas y programación diaria.

Los programas de televisión y las películas han introducido al público una plétora de personalidades y escenarios homosexuales y lesbianas en los últimos pocos años. Ver los programas y dramas presentando personajes homosexuales tiene un efecto de entumecimiento en los televidentes. O sea que cada vez que una persona ve comportamiento inmoral, es menos sorprendida y al fin y al cabo se sentirá cómodo con ello.

Las marchas de Gay Pride [orgullo homosexual] en nuestras ciudades y en los recintos de nuestras universidades realmente no son tiempos de celebración; son oportunidades para que los homosexuales agiten sus puños ante la sociedad y griten: "¡No nos importa lo que piensen! ¡Lo que hacemos con nuestras vidas sexuales es nuestro negocio!" Aunque tenemos compasión por las personas involucradas, es la ostentación de su estilo de vida pecaminoso lo que es tan molesto.

Experiencias espirituales erróneas

La primera experiencia espiritual errónea que Pablo registra en Gálatas 5:20 es la *idolatría,* la que apunta a cualquier forma de devoción hacia un objeto, principio, idea o cualquier otra que no sea Dios. En Colosenses 3:5 la avaricia se menciona como una forma de idolatría, porque sea lo que sea por lo que una persona siente avaricia, puede convertirse en devoción a un objeto. Lo segundo en la lista de Pablo es la *brujería,* un término que viene de la palabra griega *pharmakeia.* Nuestro vocablo *farmacia* se deriva de la misma raíz. En tiempos antiguos *pharmakeia* se usaba para describir dos tipos de comportamiento: el uso de drogas para envenenar a la gente, y como aquí, el uso de drogas en brujería.[2] En el mundo de Pablo y en el de hoy, es común que los involucrados en lo oculto o brujería usen drogas para realzar sus experiencias espirituales transcendentales. También es común para los que usan drogas ilegales, buscar alguna clase de actos o experiencia espiritual fuera de Cristo.

Rupturas de relaciones

La lista que hizo Pablo de conductas que destruyen cualquier matrimonio, familia, iglesia o amistad, es larga, quizás porque tanto de lo que hacemos está implicado en nuestras relaciones con las personas. El primer comportamiento que menciona es *odio*. Esto puede referirse a hostilidades entre individuos o comunidades sobre terrenos políticos, raciales o religiosos.[3] La *discordia* o ser pendenciero busca las oportunidades propicias para ser desagradable. A Pablo esta actitud que perturba la paz en las iglesias, le preocupa en especial. Los *celos* o insistir en ser el número uno nos puede hacer que resintamos el éxito, distinción, o reconocimiento de otros cuando no recibimos lo mismo. *Los arrebatos de ira* incluyen enojo descontrolado o estallidos. *Ambiciones egoístas* es lo contrario a una actitud de servicio. El egoísta continuamente pregunta: "¿Qué ganaré con eso?" Las *disensiones* dividen a las personas en lugar de unirlas. Pablo instruyo a los creyentes romanos "que se cuiden de los que causan divisiones y dificultades, y van en contra de lo que a ustedes se les ha enseñado" (Romanos 16:17). Las *facciones* pueden verse como camarillas o actitudes sectarias que ignoran o se vuelven en contra de los que no pertenecen al grupo. La *envidia* es una palabra grosera en el lenguaje griego. Denota una actitud gruñona que no puede soportar ni siquiera pensar en el éxito y prosperidad de otra persona. Sócrates dijo: "Los envidiosos sufren por los éxitos de sus amigos."[4]

Estas clasificaciones de amistades se encuentran en toda nuestra sociedad. Vivimos en tiempos cuando a muchos solo les importa el pago para ellos, no lo que pueden hacer por otros. Pablo escribió: "Ahora bien, ten en cuenta que en los últimos días vendrán tiempos difíciles. La gente estará llena de egoísmo y avaricia; serán jactanciosos, arrogantes, blasfemos, desobedientes a los padres, ingratos, impíos, insensibles, implacables, calumniadores, libertinos, despiadados, enemigos de todo lo bueno, traicioneros, impetuosos, vanidosos y más amigos del placer que de Dios" (2 Timoteo 3:1-4).

En una nueva encuesta de Shell, se encontró que los estadounidenses creen estar en una "crisis de conciencia". *El Washington Times* reportó que

> Cincuenta y seis por ciento de los participantes de una encuesta dijeron que los problemas de moralidad exceden a los del medio ambiente, la economía y aun la defensa nacional, como

lo más serio de América. Las peores de estas aflicciones, de acuerdo con la encuesta, son: desgaste del respeto por la autoridad, por los ciudadanos y la ley; compromiso con el matrimonio; responsabilidades ciudadanas; la ética laboral; y la fe en Dios y la religión. El setenta y dos por ciento dijo que los padres tenían la mayor influencia en la moral y la norma de ética de los niños, seguida de las amistades, maestros y clérigo.

Excesos pecaminosos

Pablo enumera la *embriaguez*, lo que fue un problema en la sociedad antigua y ciertamente lo es hoy. La embriaguez debilita la lógica de las personas y el control moral. Cualquier cosa que altera la habilidad de pensar claramente y actuar responsablemente es un problema. Setenta y cinco por ciento de todos los accidentes fatales involucran a personas de todas las edades que toman licor. La última palabra que Pablo usa es *orgías*, muy asociada a la embriaguez en el Nuevo Testamento. Esto es juerga incontrolada, que toma parte en festividades sin restricción.

La lista de Pablo no es definitiva, pero ofrece ejemplos del fruto malo que las personas producen cuando el Espíritu Santo no controla sus vidas. Gordon Fee hace dos observaciones respecto a las actividades de la naturaleza pecaminosa en su libro *God's Empowering Presence*. Primero, "El resultado para cualquier individuo se basa en que si uno es o no una persona espiritual o si se ha convertido a través de la fe en Cristo Jesús. Por lo que para Pablo, "heredar" o "no heredar" el reino ... es un asunto de ser o no creyente."

Fee clarifica que los actos de naturaleza pecaminosa "no describen el comportamiento de los creyentes, sino el de los no creyentes ... No es que los creyentes no pueden o nunca cometen esos pecados. Lo que sí es cierto es que "los que practican tales cosas no heredarán el reino de Dios" (Gálatas 5:21). Los que viven en esta forma, no tienen herencia con la gente de Dios. Su preocupación aquí ... es advertir a los creyentes que por lo tanto ellos no deben vivir como los otros que están destinados a experimentar la ira de Dios (Colosenses 3:6)".

La segunda observación de Fee es que "a pesar de que Pablo está hablando negativamente del destino de los no devotos, no debe hacer falta la implicación positiva de heredar el reino, para los que pertenecen a Cristo y por consiguiente viven en el Espíritu. La "herencia" pertenece a los que, por el Espíritu, prueban tener derecho, los "herederos" de Dios."[5]

Estará pensando: *Me gusta eso, yo soy una persona en el Espíritu, pero la naturaleza pecaminosa es tan fuerte. No la he podido controlar.*

¿Cómo podemos controlar esta fuerza dentro de nosotros? ¿Cómo podemos estar seguros de que los actos pecaminosos no se manifestarán de pronto en nuestras vidas? ¿Cómo demostrar al mundo perdido que Cristo verdaderamente ha hecho una diferencia en nuestro carácter y comportamiento?

La contestación está en saber que como cristiano renacido, en el modo de verlo Dios y en realidad, usted ya ganó la victoria sobre su pecado. Pablo dijo: "Los que son de Cristo Jesús han crucificado la naturaleza pecaminosa, con sus pasiones y deseos" (Gálatas 5:24). "Han crucificado" en tiempo pasado. Esto quiere decir que cuando usted le dio su vida a Cristo, su naturaleza pecaminosa, con todo su comportamiento repugnante, *fue* crucificada. Cuando Cristo fue crucificado, "Él mismo, en su cuerpo, llevó al madero nuestros pecados, para que muramos al pecado y vivamos para la justicia" (1 Pedro 2:24). Por eso es que Pablo podía decir:

> Morimos al pecado; ¿Cómo podemos seguir viviendo en él? ¿Acaso no saben ustedes que todos los que fuimos bautizados para unirnos con Cristo Jesús fuimos bautizados para participar en su muerte? Por lo tanto, mediante el bautismo, fuimos sepultados con él en su muerte, a fin de que, así como Cristo resucitó por el poder del Padre, también nosotros llevemos una vida nueva ... De la misma manera, también ustedes considérense muertos al pecado, pero vivos para Dios en Cristo Jesús (Romanos 6:2-4, 11).

Es un asunto de perspectiva. Desde el punto de vista de Dios, nosotros somos sus hijos. A causa de la cruz de Cristo, nuestra vieja naturaleza ya está muerta. Desde nuestro punto de vista, Dios administró una dosis fatal de la justicia de Dios a nuestra vieja naturaleza pecaminosa. Esa vieja naturaleza recibió un golpe eliminatorio y va camino abajo, ya fue crucificada. Pablo les recordó a los creyentes en

Colosas: "En otro tiempo ustedes, por su actitud y sus malas acciones, estaban alejados de Dios y eran sus enemigos. Pero ahora Dios, a fin de presentarlos santos, intachables e irreprochables delante de él, los ha reconciliado en el cuerpo mortal de Cristo mediante su muerte" (Colosenses 1:21-22). Desde el punto de vista de la eternidad, nuestros casos ya fueron resueltos y nuestros nombres anotados en el libro de la vida del Cordero.

Una pared de granito negro llamada Monumento Conmemorativo de Vietnam, registra los nombres de 58,156 estadounidenses que murieron en esa guerra. Cuando uno ve los nombres y observa las reacciones de madres y padres, hermanos y hermanas, novios, hombres y mujeres que fueron parte de esa guerra, se conmueve emocionado. Algunos visitantes introducen pedazos de papel en la pared con el nombre del miembro de su familia o amigo. Otros pasan sus dedos sobre un nombre, deseando encontrar alguna clase de consuelo o razón.

Para tres veteranos de Vietnam, Robert Bedker, Willard Craig y Darrall Lausch, una visita al monumento debe ser una experiencia especialmente conmovedora. A pesar de que sus nombres están en la muralla, ellos están vivos. Por un error de codificación de datos, los anotaron como muertos en acción.

No hay error con el registro del nombre de ustedes en el libro de vida de Dios. Desde el momento en que se hizo cristiano su nombre fue escrito allí. La diferencia entre usted y los tres hombres erróneamente registrados en el Monumento de Vietnam es que en verdad usted está muerto, por su naturaleza pecaminosa, y no debe olvidar eso.

Debemos permitirle a nuestro cuidador que nos pode

JESÚS DIJO: "Yo soy la vid verdadera, y mi Padre es el labrador. Toda rama que en mí no da fruto, la corta; pero toda rama que da fruto la poda para que dé más fruto todavía" (Juan 15:1-2). Lo comprendamos o no, todos necesitamos ser podados, a veces radicalmente.

Mi amigo agricultor me explicó que también en los huertos comerciales es difícil encontrar personas que verdaderamente entiendan en qué manera afecta podar los árboles. La causa y los efectos de podarlos durante las temporadas en que están aletargados o creciendo, es complicada. Por ejemplo:

- Podar cuando están aletargados, da vigor a la fruta.
- Podar en el verano, puede reducir el vigor en el árbol.
- Podar en el verano antes de mediados de Junio, afecta el desarrollo del espolón para la siguiente temporada de crecimiento.
- Podar en el verano, en el momento correcto, realza el color de la fruta. Si se poda en el tiempo inadecuado o se poda mucho, se quemará.
- Si el agricultor no sabe cuáles ramas tienen espolones de fruta para la cosecha del próximo año, la podada inexperta puede reducir la cosecha hasta por dos o tres años. Las peras producen la mejor fruta en madera de dos o tres años, por lo que el agricultor siempre está podando para regenerar la madera de fruta joven. Los melocotones y la mayoría de la fruta suave, crece en madera de un año.
- El agricultor necesita saber cómo cortar las ramas que no tienen espolones de fruta, para que se desarrollen.
- Durante los primeros cuatro a cinco años de la vida de un árbol, el entrenamiento es urgente. Las ramas estructurales se doblan en ángulos correctos. Si la rama está muy inclinada, perderá vigor, por lo tanto, reduce el crecimiento necesario y causa que la rama dé demasiada fruta. Si la rama se deja muy parada, el árbol se pasma y no desarrolla espolones frutales. En muchos huertos, el sistema de respaldo se usa para sostener los árboles enanos. Esto es aún mas complejo.[6]

¡Vaya! No me sabía que esa rica manzana o melocotón de los que con frecuencia disfruto, requería todo eso. Sin embargo, una cosa está bien clara para mí: Es indispensable que el agricultor sepa lo que está haciendo. Si no lo sabe, el resultado final podría ser desastroso.

Como cristianos *nosotros* somos las ramas que necesitan ser podadas. ¿Por qué? Para producir más fruto del Espíritu. A propósito, ¿ha pensado en las ramas que se cortan? Los agricultores las llaman "ramas chuponas" porque absorben la humedad y los nutrimentos del árbol. Esas ramas también producen sombra para que el sol no pueda llegar al centro del árbol. Ya que afecta la rapidez con que la fruta crece y le da color; además, el exceso de sombra puede tener un efecto negativo en la fruta.

Respecto a algunas personas que son como ramas inútiles, William Barclay escribió:

Algunos (de los seguidores de Jesús) son adorables ramas que producen fruto de él; otros son inútiles porque no dan fruto. ¿En quién pensaba Jesús cuando habló de las ramas sin fruto? Hay dos respuestas. Primero, en los judíos. Eran ramas de la Vid de Dios. ¿No fue esa imagen que un profeta tras otro se formaron? Pero ellos rehusaron escucharlo; rehusaron aceptarlo; por lo tanto se marchitaron como ramas inútiles. Segundo, pensaba en algo más general. En los cristianos cuya fe consistía en profesión sin práctica, palabras sin obras; pensó en los cristianos que eran ramas inútiles, solo hojas y no fruto. También estaba pensando en los cristianos que apostataron, que oyeron el mensaje y lo aceptaron y luego se apartaron convirtiéndose en traidores del Maestro, con el que se habían comprometido a servirle.[7]

¿En qué parte necesita ser podado? ¿Ha encontrado un lugar de descanso y confianza a medida que Dios amorosamente lidia con usted en partes que necesitan ser podadas? Ya que cada cristiano necesita ser podado periódicamente, es importante que tengamos la actitud correcta en cuanto a la disciplina de Dios.

Siempre he gozado de los deportes de pista y campos de las Olimpiadas. Algunos, como el de relevo, se tratan de equipos orientados. En muchos otros, los participantes están bastante solos. Ganar o perder en gran parte depende de lo bien que los atletas se disciplinan a sí mismos. En su libro Slaying the Dragon [Matando al Dragón], Michael Johnson, que mantiene el récord de carrera de 200 y 400 metros, escribe:

El éxito se encuentra en porciones mucho más pequeñas de lo que la mayoría de la gente sabe. Una centésima parte de un segundo aquí, o a veces una décima parte allá, puede determinar al hombre más rápido del mundo. A veces vivimos al borde, como el filo de un papel que apenas separa la grandeza de la mediocridad y el éxito del fracaso.

> La vida se compara con frecuencia a un maratón, pero me parece que es más que ser corredor; largos trechos de trabajo arduo interrumpidos por momentos breves en los que nos dan la oportunidad de actuar en nuestra mejor forma.[8]

La vida cristiana es como el corredor. Solemos pasar por semanas sin tensiones o estrés inusual. Luego, un día, no solo llueve, sino que llueve a cántaros. Por nuestro entrenamiento y disciplina, reaccionamos en una forma de reinado, demontrando paciencia y autocontrol. La dificultad repentina no nos aparta del rumbo, por haber sido disciplinados y entrenados por el maestro. Le hemos permitido hacer su trabajo de podar lo que es destructivo, no sano y no productivo. Por lo tanto, estamos listos al desafío y correremos con excelencia. Tiempos de disciplina, pruebas y dificultades pueden ser los más importantes de nuestras vidas porque forman carácter. Pablo escribió: "regocijamos ... no solo en esto, sino también en nuestros sufrimientos, porque sabemos que el sufrimiento produce perseverancia; la perseverancia, entereza de carácter; la entereza de carácter, esperanza" (Romanos 5:3-4). Los malos tiempos pueden ser nuestros mejores amigos, porque a través de ellos podemos enfocarnos en loque somos en Cristo y desarrollar comportamientos y actitudes devotos que nos prepararán para la eternidad.

En una reciente visita a Israel, yo (Wayde) tuve la oportunidad de ver un barco llamado *The Jesus Boat* [El barco Jesús], un barco descubierto en el Mar de Galilea en 1986 por dos hermanos. Una sequía de tres años había bajado el nivel del agua, y los hermanos notaron un objeto parcialmente expuesto y cubierto de lodo. A medida que sacaban el lodo hecho pasta, la proa de un barco de pesca apareció. Los arqueólogos se citaron en la escena, y cuidosamente excavaron el barco hundido. Llegaron a la conclusión de que los hermanos habían descubierto un tesoro extraordinario, un barco de pesca del tiempo de Jesús. El curador del museo orgullosamente describió lo encontrado. Comentó que ese barco podía ser el que Jesús usó, ya que era el tipo que se usaba dos mil años atrás.

Otro par de hermanos también hicieron un descubrimiento que cambió sus vidas. Santiago y Jacobo, los hijos de Zebedeo (que apodaban "hijos del trueno"), no eran diferente a nosotros. Un día Jesús los invitó a ser sus seguidores. Ellos sabiamente aceptaron su invitación y descubrieron el tesoro más valioso.

¿Qué originó el descubrimiento de *El barco Jesús*? Los tres años de sequía, que bajó la orilla de la costa en una forma sin precedente, permitieron que el frente del barco se viera, después de dos milenios.

El podado de Dios y lo que puede parecer como una sequía en su vida, traerá el mejor fruto que se puede imaginar. Tenerle confianza mientras amorosamente poda las "ramas chuponas" es nuestro privilegio. Él permite tiempos de sequía para revelar el verdadero carácter en nuestras vidas parecido al de Cristo.

Necesitamos vivir en el Espíritu para producir el fruto del Espíritu

"VIVAN POR EL ESPÍRITU, y no seguirán los deseos de la naturaleza pecaminosa" (Gálatas 5:16).

Al concluir este libro sobre el fruto del Espíritu, permítanos darle una asignación. Recuerde quién es usted en Cristo. Trate de verse desde la perspectiva de Dios. Piense en lo positivo en lugar de lo negativo. En lugar de enfocar en como terminará con su naturaleza pecaminosa, concéntrese en vivir en el Espíritu. Vivir es un proceso de momento a momento. Enfóquese todos los días en quién es usted en Cristo y pídale ayuda para responder como él lo haría, con las situaciones y las personas. Acuérdese que tiene a Dios ayudándole, y a medida que madure en Cristo se volverá más fuerte en su fruto. Usted siempre puede confiar que Dios estará cerca cuando necesite su fuerza. Jeremías 17:7-8 nos recuerda esta promesa.

"Bendito el hombre que confía en el SEÑOR,
     y pone su confianza en él.
Será como un árbol plantado junto al agua,
     que extiende sus raíces hacia la corriente;
no teme que llegue el calor,
     y sus hojas están siempre verdes.
En época de sequía no se angustia,
     y nunca deja de dar fruto."

Como cristianos somos sensibles a las actividades y actitudes pecaminosas, los que no tienen a Cristo son insensibles. Sea conocedor de lo que lo lleva hacia abajo, espiritualmente. Podría ser cierta clase de programa de televisión, un amigo, o una actividad que lo hace sentirse incómodo. Cuando este es el caso, evite la fuente de problema. No necesita esa cosa o persona en su vida, y usted no tiene la habilidad de decir que no.

Vivir en el Espíritu quiere decir permitir que dirija su conducta. Gordon Fee explica:

> Esta súplica a los gálatas, por lo tanto, es solo eso, un ruego para "seguir caminando por el mismo Espíritu por el cual usted llegó a la fe y con quien Dios todavía lo suple ricamente, incluyendo el hacer milagros en su medio". O sea, una poderosa y experimental, sobrenatural, por decir, base de previas suposiciones está tras este imperativo... La vida en el Espíritu no es sumisión pasiva al Espíritu para hacer un trabajo sobrenatural en la vida de uno; mejor dicho, requiere esfuerzos conscientes, para que el Espíritu viviente pueda lograr sus fines en la vida de uno. Uno es impulsado a "caminar por el Espíritu" o "vivir por el Espíritu" y deliberadamente "ajustar la vida de uno a la del Espíritu" (v. 25). Si una persona como esa es "guiada por el Espíritu", no quiere decir que lo sea en forma pasiva; quiere decir que se levanta y sigue al Espíritu, caminando en obediencia al deseo del Espíritu.[9]

Caminar en el Espíritu no es complicado

TENEMOS PODER PARA vivir por el Espíritu porque él vive en nosotros. Pablo les recordó a los romanos creyentes: "ustedes no viven según la naturaleza pecaminosa sino según el Espíritu si es que el Espíritu de Dios vive en ustedes. Y si alguno no tiene el Espíritu de Cristo, no es de Cristo" (Romanos 8:9). El Espíritu Santo es nuestro compañero constante, nuestra ayuda siempre presente, y nos animará, nos ayudará, nos condenará y dirigirá nuestras vidas. A cada cristiano se le ha dado una oportunidad para vivir en un nivel completamente diferente al de los sin Espíritu Santo. Cuando el Espíritu Santo controla nuestras vidas dependemos de Dios para todo, cada día. Pablo continuó diciendo. "Por lo tanto, hermanos, tenemos una obligación, pero no es la de vivir conforme a la naturaleza pecaminosa. Porque si ustedes viven de acuerdo a ella, morirán; pero si por medio del Espíritu dan muerte a los malos hábitos del cuerpo, vivirán. Porque todos los que son guiados por el Espíritu de Dios son hijos de Dios" (vv. 12-14).

¿Cómo respira? Usted aspira aire fresco y exhala aire malo. Automáticamente, todo el día, cuando está durmiendo, conduciendo su carro, caminando, o hablando con su jefe, está repitiendo este hábito de toda la vida. Ah, usted puede parar quizás por dos minutos, pero después de eso, se acabó todo.

Vivir por el Espíritu es similar a respirar. Exhalamos lo impuro y aspiramos lo puro. Resistimos y rechazamos lo malo (actos de la naturaleza pecaminosa) y abrazamos lo bueno (fruto del Espíritu). Piense en ello de esta manera: Cuando se da cuenta de algo que hace, piense, o sienta que es pecaminoso, usted lidia con eso inmediatamente. Cualquier cosa que está haciendo, esté donde esté, y sea quien sea con quien esté, puede susurrar una oración y pedirle a Dios que lo perdone y que lo ayude.

Digamos que acaba de decir algo rudo o inapropiado a su esposa o hijo. Pueda que haya exagerado algo. Se siente culpable y desea no haber dicho lo que dijo. Cuando vivimos por el Espíritu, inmediatamente confesamos nuestros pecados y pedimos perdón. Primero Juan 1:9 dice: "Si confesamos nuestros pecados, Dios, que es fiel y justo, nos los perdonará y nos limpiará de toda maldad." Cuando confiesa a Dios que ha hablado inapropiadamente y ora: "Señor, perdóname por lo que dije", está exhalando el acto pecaminoso. Cuando ora, "Señor, ayúdame a controlar mi lengua y a ser sensible a las personas, especialmente con mi familia; por favor ayúdame a decir palabras que bendiga a las personas y les dé ánimo", está aspirando lo puro.

Quizás se pregunte: "¿Por qué a menudo necesito hacer esto?"

Lo que sea necesario. Cualquier tiempo que ha dicho algo que entristece al Espíritu Santo que vive en usted, necesita pedirle a Dios que lo perdone, y a menudo debe de disculparse con la persona que usted hirió. Si ha hecho algo pecaminoso, vio algo que entristeció al Espíritu Santo, o tuvo una actitud mala, debe de repetir el proceso.

Estará pensando: "Necesitaré hacer esto durante todo el día."

Entonces ore y pídale a Dios su ayuda durante todo el día. Al hacer esto desarrollará hábitos piadosos. Se volverá más sensible al Espíritu Santo en su vida y vivirá por el Espíritu. Es posible que le parezca muy abrumador al principio. Quizás va ha necesitar hacerlo cada cinco mi-nutos. Pero si vive por el Espíritu necesitará "exhalar" con menos frecuencia. Encontrará que comienza a tener días de éxito cuando vive en el poder del Espíritu Santo. O tendrá días cuando necesitará ser bien cuidadoso por lo que está sucediendo "entre sus oídos." Pueda que su pensar solo sigue desviándolo en la dirección equivocada. Lo importante es no permitir que haya pecado en su corazón y por eso entristecer al Espíritu Santo. Sea cuidoso de no volverse calloso reprimiendo la voz del Espíritu Santo y desobedeciéndole, porque esto es una de las cosas mas peligrosas que una persona puede hacer en la vida.

Cristianos a veces desobedecen a la voz del Espíritu por largos tiempos, rehusando cambiar o alejarse del pecado en sus vidas. Pablo dijo: "... sean llenos del Espíritu" (Efesios 5:18) Este es un proceso continuo. Por lo que está diciendo: "Sigan siendo llenos del Espíritu Santo". Entre más lo aspiramos a él, y exhalamos actividades pecaminosas, más se hundirán nuestras raíces en la madurez cristiana.

Mientras pasa el día, debería esforzarse a vivir como el Espíritu. Esto quiere decir que usted le da control de sus sentimientos y comportamiento. Cuando comienza a pensar en actuar en una forma pecaminosa, inmediatamente debe hablarle a Dios sobre ello. Si está en una multitud y no quiere orar en voz alta, puede orar en silencio. Dios lo oirá y le ayudará en ese momento.

La Biblia nos dice: "Enoc ... anduvo fielmente con Dios, un día desapareció porque Dios se lo llevó". (Génesis 5:24). Piense en esto. Enoc caminó tan cerca de Dios que un día llegó cuando ¡Enoc se movió de la tierra al cielo! Enoc vivió por el Espíritu a través de cada día, y un día, en un parpadear, estaba en el cielo.

Usted también puede caminar con Dios, es un proceso. Por favor no se sienta que es imposible para usted. El Espíritu Santo lo ayudará. Se verá siendo más sensible hacia las personas. Su actitud y temperamento será afectado, y comenzará a notar que ya no está tan tenso o enojado. Escuchar cierta clase de humor y viendo cierta clase de programas de televisión le molestará, y usted se retirará o apagará a televisión. El Espíritu Santo desviará su vida, y usted se volverá más sensible a él. Le ayudará a actuar en formas que son santas y correctas. Encontrará que en cuanto más usted le pone atención a él, más grande la paz y contentamiento que tendrá.

Entienda que la batalla entre la carne y el Espíritu tarda una vida. Manténgase alerta a los pensamientos pecaminosos, tentaciones o actitudes, pero sea optimista de que vencerá. Resista la carne y deje que el Espíritu Santo produzca su fruto.

Comience hoy

RECIENTEMENTE, MIENTRAS HABLABA en un centro de descanso en Cannon Beach, Oregon, yo (Wayde) tuve la oportunidad de caminar en la linda playa y mirar a Haystack Rock y al inmenso Océano Pacífico rodeándola. Parado admiré mientras miraba al océano más grande en el planeta, romper contra la arena, la roca y los precipicios de la costa de Oregon. Me sentí pequeño en comparación.

Suponga que quisiera explicar la belleza y grandeza de este cuerpo de agua a un grupo de personas en Missouri, donde vivo, los cuales nunca han visto un océano. Si llenara un balde de cinco galones y se los llevara explicándoles que esto es como el océano, todavía no podrían comprender el Océano Pacífico. Para ellos se vería como un recipiente de cinco galones de agua salada. No verían Haystack Rock o las poderosas olas reventando en la costa. No podrían ver la magnífica costa y los inmensos precipicios que descienden al océano. Sería difícil para ellos imaginarse la inmensidad del Pacífico al ver el balde de agua.

En forma parecida, no nos podemos imaginar la inmensidad, belleza, poder, bondad y amor de Dios. Pablo escribe: "Toda la plenitud de la divinidad habita en forma corporal en Cristo; y en él, que es la cabeza de todo poder y autoridad, ustedes han recibido esa plenitud." (Colosenses 2:9-10). La "plenitud en Cristo" es más grande que cualquier expansión de agua.

Es posible que sienta que el fruto del Espíritu es algo que desea, pero es imposible de obtener. Quizás se sienta inseguro, temeroso y fuera de onda con el Espíritu de Dios. Como un pequeño recipiente de agua salada comparado al Océano Pacífico, pueda que se sienta pequeño e insignificante. Pero recuerde, "usted recibió plenitud en Cristo". Nosotros no solo somos recipientes pequeños del poder y su fruto de Dios, somos conductos. Dios enteramente intenta aumentar su poder y fruto en la vida de usted para la eternidad. Si no ha comenzado su vida en el Espíritu, puede iniciarla hoy.

ΠOTAS ✦

Capítulo uno: Introducción

1. Eric Holan, *Colourful Vienna* [Viena colorida], Verlag Anton Schroll & Co., Vienna, Austria, 1982, p. 98.

2. Citado por George Wood, *Living Fully: Producing Spiritual Fruit* [Viva totalmente: Produzca fruto espiritual, Aglow, Lynnwood, WA, 1986, p.6 del original en inglés.

3. Neil Anderson, *Daily in Christ* [Diariamente con Cristo], Harvest House, Eugene, OR, 1993, 17 de Junio.

4. Tamlya Kallaos, "Stewart Gave Faith, Family Top Priority" [Stewart dio fe, la familia es la primera prioridad], *Springfield Newsletter*, 31 de octubre 1999, p. 4A.

5. Íbid.

6. Íbid.

7. Íbid.

8. Íbid., p. 1A.

9. Íbid., p. 4A.

10. Andrew Murray, "A Life-Union" ["Unión de una vida"], *Decision* 40, no. 6, junio 1999, p. 34.

11. Ravi Zacharias, *Deliver Us From Evil* [Líbranos de todo mal], Word, Dallas, 1996, pp. 82-83.

12. William Barclay, *The Gospel of John* [El Evangelio de Juan], Westminster Press, Philadelphia, 1976, 2:175.

13. Sid Buzzell, Kenneth Boa, Bill Perkins, *The Leadership Bible* [La Biblia de liderazgo], Zondervan, Grand Rapids, 1998, p. 1262.

14. Billy Graham, *The Collected Works of Billy Graham* [Trabajos seleccionados de Billy Graham], Inspiration Press, New York, 1993, p. 497.

15. Martín Lutero, *Commentary on Galatians* [Comentarios sobre los Gálatas], Modern-English ed., Revell, Grand Rapids, 1988, p. 378.

16. Manford George Gutzke, *The Fruit of the Spirit* [El fruto del Espíritu], The Bible for You, Atlanta, s.f., pp. 10-11.

17. Citado por Craig Brian Larson, *Illustrations for Preaching and Teaching from Leadership Journal* [Ilustraciones para predicar y enseñar del libro de liderazgo], Baker, Grand Rapids, 1993, p. 125.

18. Peter H. Davis, *The First Epistle of Peter* [La primera epístola de Pedro], New International Commentary, Eerdmans, Grand Rapids., 1990, p. 193.

19. Graham, *Collected Works*, *op. cit.*, p. 497.

20. Richard J. Foster y James Bryan Smith, *Devotional Classics* [Devocionales clásicos], HarperSanFrancisco, San Francisco, 1993, p. 55.

Capítulo dos: Amor

1. David Ireland con Louis Thrap, *Letters to an Unborn Child* [Cartas a un niño antes de nacer], Harper & Row, New York, 1974, pp. 33-34.

2. Billy Graham, op. cit., p. 506.

3. David Wilkerson, "Keep Yourself in the Love of God" [Manténgase en el amor de Dios], *Times Square Church Pulpit Series* [Serie de púlpito de la Iglesia de Times Square], World Challenge, Inc., P.O. Box 260, Lindale, TX 75771, 25 de octubre de 1999, p. 1.

4. Joseph Stowell, "God's Compassion for Sinners" [La compasión de Dios por los pecadores], en *Preaching Today*, Carol Stream, IL, Leadership Resources and Christianity Today, Inc., p. 4.

5. J.D. Douglas, ed., *The New Bible Dictionary* [El Nuevo Diccionario de la Biblia], InterVarsity Fellowship, Londres, 1965, p. 753.

6. Stephen Neill, *The Christian Character* [El carácter cristiano], Association Press, New York, 1955, p. 21.

7. Citado por Craig Brian Larson, *op. cit.*, p. 126.

8. Stowell, "God's Compassion" [La compasión de Dios], p. 1.

9. Gary Smalley y John Trent, *The Blessing* [La bendición], Thomas Nelson, Nashville, 1986, pp. 55-58; citado por Peter Scazzero, *Building Healthy Relationships* [Construya relaciones sanas], Zondervan, Grand Rapids, 1991, p. 6.

10. Citado por Edythe Draper, *Draper's Book of Quotations for the Christian World* [Libro de Draper de citas para el mundo cristiano], Tyndale, Wheaton, IL, 1992, p. 219.

11. Íbid.

12. Íbid.

13. William Barclay, *The Gospel of John* [El Evangelio de Juan], Westminster Press, Philadelphia, 1975, p. 128.

14. Íbid., pp. 129-30.

15. Citado por Craig Brian Larson, *Choice Contemporary Stories and Illustrations* [Selectas historias contemporáneas e ilustraciones], Baker, Grand Rapids, 1998, p. 147.

Capítulo tres: Alegría

1. Citado por Craig Brian Larson, *op. cit.*, p. 114.

2. Stephen Neill, *op. cit.*, p. 29.

3. Amy Carmichael, *Gold by Moonlight* [Oro a la luz de la luna], Christian Literature Crusade, Fort Washington, PA, s.f., p. 31.

4. Jack Hayford, *Gifts, Fruit and Fullness of the Holy Spirit* [Regalos, fruto y abundancia del Espíritu Santo], Thomas Nelson, Nashville, 1993, p. 140.

5. Citado por Craig Brian Larson, *op. cit.*, p. 50.

6. Citado por George Sweeting, *Great Quotes and Illustrations* [Citas famosas e ilustraciones], Word, Dallas, 1985, p. 135.

7. Frank B. Minirth y Paul D. Meir, *Happiness Is a Choice* [La felicidad es una elección], Baker, Grand Rapids, 1994, p. 13.

8. C.S. Lewis, *Letters to Malcolm, Chiefly on Prayer* [Cartas a Malcolm, principalmente sobre oración], Harcourt, Brace & World, New York, 1964, p. 93.

9. William Barclay, *The Letters to the Galatians and Ephesians* [Las cartas a los Gálatas y Efesios], Westminster Press, Filadelfia, 1976, p. 50.

10. Citado por Edythe Draper, *op. cit.*, p. 359.

11. Ralph Spaulding Cushman, *Hilltop Verses and Prayers* [Lo máximo en versículos y oraciones], Abingdon-Cokesbury, Nashville, 1945, p. 17.

12. Citado por Sweeting, *op. cit.*, p. 260.

13. Citado por Draper, *op. cit.*, p. 598.

14. Craig Brian Larson, *op. cit.*, p. 266.

15. Malcolm Muggeridge, citado por Donald McCullough, *Walking from the American Dream* [Caminar desde el sueño americano), InterVarsity Press, Downers Grove, IL, 1988, p. 145.

16. John Ortberg, *The Life you've Always Wanted* [La vida que siempre has querido], Zondervan, Grand Rapids, 1997, pp. 72-73.

17. Larson, *op. cit.*, p. 101.

18. Draper, *op. cit.*, p. 314.

19. Íbid., p. 315.

20. Para una lectura más profunda acerca de la importancia del bautismo en el Espíritu Santo, véase nuestro libro *La bendición: Viva hoy el poder del Espíritu Santo*, Editorial Vida, Miami, 1998.

21. Draper, op. cit., p. 300.

22. G.K. Chesterton, *Orthodoxy* [Ortodoxia], Doubleday, Garden City, NY, 1959, p. 160.

Capítulo cuatro: Paz

1. William Barclay, *op. cit.*, p. 50.

2. Margery Williams, *The Velveteen Rabbit* [El conejo de terciopelo], Avon Books, New York, 1975, pp. 16-17.

4. Encontrado en Jack Kuhatscheck, *Peace: Overcoming Anxiety and Conflict* [Paz: Venza la ansiedad y el conflicto], Zondervan, Grand Rapids, 1991, p. 10.

5. Adaptado de Jacquelin Wasser, "Phobias, Panic, and Fear—Oh My!" [¡Ay!: fobias, pánico y temor], *Mademoiselle* 96 (abril 1990): p. 162; citado por Carol Kent, *Tame Your Fears* [Controle sus temores], NavPress, Colorado Springs, 1993, p. 42.

6. Corrie ten Boom, *Quotable Quotations* [Citas Citables], comp. Albert M. Wells Jr. Thomas Nelson, Nashville, 1988, pp. 446-47.

7. Charles R. Swindoll y David Lien, *Questions Christians Ask* [Preguntas que hacen los cristianos], Insight for Living [Idea para vivir], Fullerton, CA, s.f. [Idea para vivir], p. 18, citado en *Quote Unquote* [Entre comillas], comp. Lloyd Cory, Scripture Press, Wheaton, IL, 1977, p. 378.

8. Henry Drummond, *The Greatest Thing in the World* [Lo más grande del mundo], Revell, Westwood, NJ, s.f.; citado en Ada Nicholson Brownell, op. cit., *The Pentecostal Evangel* [El Evangelio Pentecostal], 11 de abril de 1999, p. 11.

9. Abreviado de Brownell, *op. cit.*, pp. 12-13.

10. Richard Swenson, M.D., es director de Futuro Centro de Estudios en Menomonie, Wisconsin. Para más información, véase su libro *Margin: Creating the Emotional, Physical, Financial, and Time Reserves You need* [Margen: Cree lo emocional, físico, financiero y las reservas de tiempo que necesita], Navpress, Colorado Springs, 1995.

11. Íbid.

12. Philip Edgcumbe Hughes, *Paul's Second Epistle to the Corinthians* [La segunda epístola de Pablo a los corintios], Eerdmans, Grand Rapids, 1962, pp. 135-36.

13. H. Norman Wright, *Crisis Counseling* [Orientación en las crisis], Gospel Light, Ventura, CA, 1993, p. 10.

14. Alexander Solzhenitsyn, *Archipiélago de Gulag*, citado por Philip Yancey, Dónde está Dios cuando se sufre,CLIE, 1977, p. 51 del original en inglés.

15. Ira D. Sankey, *My Life and the Story of the Gospel Hymns* [Mi vida y la historia de los himnos del evangelio], Harper & Brothers, New York, 1906, pp. 168-69.

16. Kuhatschek, *Peace* [Paz], p. 27.

17. Origen desconocido.

Capítulo cinco: Paciencia

1. Jim Cymbala y Dean Merrill, *Fuego Vivo, Viento Fresco,* Editorial Vida,1998, p. 60 (del original en inglés).

2. Ibíd., pp. 64-65.

3. Gordon Fee, *God's Empowering Presence* [La poderosa presencia de Dios], Hendrickson, Peabody, MA,1994, pp. 449-50.

4. J.I. Packer, *Knowing and Doing the Will of God* [Conocer y hacer la voluntad de Dios], Servant, Ann Arbor, MI, 1995, p. 293.

5. John Ortberg, *op. cit.*, pp. 81-82.

6. Íbid., p. 82.

7. Associated Press, "Nearly Half of Those Hurt by Violence Knew Assailant" [Casi la mitad de los heridos conocían al asaltante], *Chicago Tribune*, Agosto 25, 1997, Sec. 1, p. 4.

8. Don Russell, "Road Rage: Driving Ourselves into Early Graves" [Rabia en el camino: Conduce a una temprana sepultura], *Philadelphia Daily News*, julio de 1997, Sec. local, 4.

9. Información cortesía de la Asociación Automovilística Americana para la Seguridad del sitio web, http://www.aaafts.org.

10. Paul D. Meier, Frank B. Minirth, Frank B. Wichern y Donald E. Ratcliff, *Introduction to Psychology and Counseling* [Introducción a la sicología y a la consejería], Baker, Grand Rapids, 1991, p. 240.

11. William Law, *The Power of the Spirit* [El poder del Espíritu], Christian Literature Crusade, Fort Washington, PA, 1971, p. 124.

12. James C. Dobson, *Tener hijos noes para cobardes,* Editorial Vida, 1991 p. 224 (del original en inglés).

13. *The book of Unusual Quotations,* [El libro de citas inusuales] ed. Rudolf Flesch, Harper & Brothers, New York, 1957; citado en *God's Treasury of Virtues* [Tesoros y virtudes de Dios], Honor Books, Tulsa, 1995, p. 190.

14. Richard J. Foster y James Byran Smith, *Devotional Classics* [Devocionales clásicos], HarperCollins, San Francisco, 1993, pp. 185-86.

15. Lloyd Ogilvie, *Silent Strength for My Life* [Fuerza silenciosa para mi vida], Harvest House, Eugene, OR, 1990; citado en Foster and Smith, *op. cit.*, pp. 185-86.

Capítulo seis: Amabilidad

1. Jack Canfield y Mark Victor Hanse, *Chicken Soup for the Soul:* A 3rd Serving [Sopa de pollo para el alma: Una tercera ración], Health Communications, Deerfield Beach, FL, 1996, p. 237.

2. Phillis J. Le Peau, *Kindness: Reaching Out to Others,* Zondervan, Grand Rapids, 1991, p. 26.

3. *Biblia Plenitud,* Editorial Caribe, Nashville, 1991, p. 1.780 del original en inglés.

4. William Barclay, *New Testament Words* [Palabras del Nuevo Testamento], Westminister Press, Philadelphia, 1964, p. 278.

5. Íbid., p. 279.

6. George Wood, Living Fully [Vivir totalmente], Aglow, Lynnwood, WA,1986, p. 33.

7. Bonnidell Clouse, *Teaching for Moral Growth* [Enseñar crecimiento moral], Victor Books, Wheaton, IL, 1993, pp. 148-49.

8. William Barclay, *The Gospel of Luke* [El libro de Lucas], Westminster Press, Filadelfia, 1975, p. 139.

9. Ibíd., pp. 138-39.

10. Jill Briscoe, *Running on Empty* [Corra al vacío], Harold Shaw, Wheaton, IL, 1995, p. 20.

11. Citado por George Sweeting, *op. cit.*, p. 159.

Capítulo siete: Bondad

1. Claudia Puig, "Crowds Gather to Gawk, Gag at Putrid Plant" [Personas congregadas como bobos sintiendo náuseas por la pútrida planta], *USA today*, 30 de julio de 1999, p. 13A.

2. Ibíd.

3. *Biblia Plenitud*, *op. cit.*, p. 1713 del original en inglés.

4. Billy Graham, op. cit., p. 518.

5. James Dobson, *Focus on the Family* 22, no. 12 [Enfoque en la familia], diciembre de 1998, p. 5.

6. Citado por George Sweeting, op. cit., p. 28.

7. Íbid.

8. Moira Hodgson, "Lethal Wild Mushrooms Deceive the Unwary" [Mortales hongos silvestres engañan a los incautos], *New York Times*, 22 de enero de 1997, p. B6.

9. D. James Kennedy, *The Gates of Hell Shall Nor Prevail* [Las puertas del infierno no prevalecerán], Thomas Nelson, Nashville, 1996, pp. 184-85.

10. H.B. London Jr., "Is The Truth Too Much to Handle?" [¿Es la verdad mucho para lidiar?], en "The Pastor's Weekly Briefing" [Los informes breves semanales del Pastor], *Focus on the Family* 7, no. 20 [Enfoque a la familia], 14 de mayo de 1999, p. 1. Originalmente publicado en *The Washington Post*.

11. H.B. London Jr. "Stats, Stats, Stats" [Estadísticas, estadísticas, estadísticas], en "The Pastors Weekly Briefing" [Los informes breves semanales del Pastor], *Focus on the Family* 7, no. 20, 14 de mayo de 1999, p. 2.

12. Uli Schmetzer, "Wanted Dead or Alive: Manila's Flies, Roaches" [Buscadas, vivas o muertas: moscas y cucarachas en Manila], *Chicago Tribune*, 17 de septiembre de 1996, Sec. 1, p.6.

13. La autopista de información ha hecho de las computadoras caseras, el más rápido, creciente y primer método de distribución de pornografía ilegal. El representante de EE.UU. republicano por New Jersey, Bob Franks, declaró en una conferencia de prensa, al introducir el Acta Protectora de los Niños en Internet, que "estiman que once millones de niños tienen acceso a Internet, y más de la mitad de las aulas escolares en la nación, actualmente también tienen igual acceso". Donna Rice Hughes de *Kids Online* [Adolescentes en línea], declaró que "hay entre 72.000 y 100.000 sitios sexualmente explícitos en Internet. De los aproximados 3.000 nuevos sitios que se agregan a diario, por lo menos 85 de ellos venden pornografía comercial" (citada en *Insight, Family Research Council* [Idea, Consejo de investigación de la familia], Washington D.C.).

14. London "Stats" [Estadísticas Londinenses], p.1.

15. Roseanne Arnold, *HBO Comedy Hour* [Hora de comedia en el canal HBO], transmitida el 20 de junio de 1992, citada en TV, etc., julio de 1992, 3.

16. Barry Palser y Rachel Scott, "Eternal Impact of a Young Life" [Impacto eterno de una vida joven], *The Pentecostal Evangel* [El Evangelio Pentescostal], 13 de junio de 1999, p. 6.

17. Kirk Nooman, "Picking Up the Torch" [Levanta la antorcha], *The Pentecostal Evangel*, [El evangelio pentecostal], 13 de junio de 1999, p. 7.

18. Ken Walker, "Blessed Are Those Who Mourn [Bienaventurados los que lloran]", *Charismal*, setiembre de 1999, p. 44.

19. Íbid., pp. 43-44.

Capítulo ocho: Fidelidad

1. Philip Yancey, El Jesús que nunca conocí, Editorial Vida, 1995, pp. 258-59 (de original en inglés.

2. David Jeremiah, *God in You* [Dios en usted], Multnomah, Sisters, OR, 1998, p. 83.

3. Max Lucado, *Cuando Dios susurra tu nombre*, Editorial Caribe, 1994, pp. 32-33 (del original en inglés).

4. Leon Jaroff, "Still Ticking," [Aún marcando], *Time*, 4 noviembre 1996, p. 80.

5. *God's Treasury of Virtues* [Tesoro de virtudes de Dios], ed. Honor Books, Tulsa, 1996, p. 323.

6. Larson, *op. cit.*, p. 197.

Capítulo nueve: Humildad

1. Charles R. Swindoll, *Improving Your Serve* [Mejore su servicio], Word, Dallas, 1981, pp. 99-100.

2. Dave Goetz, "Tour of Duty, A Day with Stu Weber [Periodo de deber, un día con Stu Weber]", *Leadership*, primavera de 1996, p. 26.

Capítulo diez: Dominio propio

1. Tomado de Prensa Asociada (título del seminario y su presidente retenido).

2. Randy Fitzgerald, "You Can Make a Million" [Usted puede hacer un millón], *Reader's Digest*, julio 1996, p. 28.

3. Michael J. McManus, "What Young Adults Need to Know About Cohabitation" [Lo que los adultos jóvenes necesitan saber respecto a cohabitar antes del matrimonio], *Marriage Savers*, March/April 1999, p. 3.

4. Billy Graham, op. cit., p. 527.

5. Jack Hayford, Gifts, *Fruit and Fullness of the Holy Spirit* [Dones, fruto y plenitud del Espíritu Santo], Thomas Nelson, Nashville, 1993, p. 69.

6. J.R.R. Tolkien, *The Fellowship of the Ring* [La confraternidad del anillo], Ballantine Books, New York, 1965, pp. 93-94.

7. James C. Dobson, *op. cit.*, pp. 101-2.

8. Esadísticas encontradas en Charles Colson y Nancy Pearcey, *How Now Shall We Live* [Cómo viviremos ahora], Tyndale, Wheaton, IL,1999, p. 311.

9. Herbert Benson, *Timeless Healing* [Cura eterna], Scribner, New York, 1996, pp. 197, 208.

10. D.B. Larson y W.P. Wilson, "Religious Life of Alcoholics" [Vida religiosa de alcohólicos], *Southern Medical Journal* 73, no. 6 [La revista sureña de medicina], junio de 1980, pp. 723-27.

11. David B. Y Susan S. Larson, *The Forgotten Factor in Physical and Mental Health: What Does the Reserach Show?* [El factor olvidado en la salud física y mental: ¿Qué demuestran los estudios?], (National Institute for Healthcare Research, [El Instituto Nacional para Estudios del Cuidado de la Salud], 1992, pp. 68-69.

12. Joseph A. Califano Jr., *Behind Bars: Substance Abuse and America's Prison Population* [Tras las rejas: Abuso de sustancias y la población penal en América], Centro Nacional sobre Adicción y Abuso de Sustancias en la Universidad de Columbia, New York, 1998, p. 27.

13. Joseph A. Califano Jr. Discurso en el Club Nacional de Prensa, Washington, DC, enero 8, 1998.

14. Larson y Larson, *op. cit.*, pp 76-78.

15. George Gallup Jr., "Religion in America [Religión en América]", *Public Perspective* [Perspectiva Pública], octubre/noviembre de 1995.

16. Armand Nicholi Jr., "Hope in a Secular Age" [Esperanza en la edad secular], en *Finding God at Harvard: Spiritual Journeys of Thinking Christmas* [Encontrar a Dios en Harvard: Diario espiritual de pensamientos cristianos], ed. Kelly K. Monroe, Zondervan, Grand Rapids, 1996, p. 117.

17. Larson y Larson, *op. cit.*, pp. 76-78.

18. Howard M. Bahr y Bruce A. Chadwick, "Religion and Family in Middletown, USA" [Religión y familia en medio pueblo, EE.UU.], *Journal of Marriage and Family* [Diario de matrimonio y familia] 47, mayo 1985, pp. 407-14.

19. Véase N. Stinnet, et al., "A Nationwide Study of Families Who perceive Themselves as Strong" [Un estudio nacional de familias que se consideran fuertes], citado por Patrick Fagan, "Why Religion Matters [Por qué importa la religión]" *The Heritage Foundation Report* [El informe 1064 de la Fundación Heredad], 25 de enero 1996, p. 8; y Velma McBride Murry, "Incidence of First Pregnancy Among Black Adolescent Females Over Three Decades", [Incidencia de primer embarazo entre adolescentes negras en tres décadas], citado por Patrick Fagan, "Why Religion Matters" [Por qué importa la religión], *The Heritage Foundation Report* 1064 [El informe 1064 de la Fundación Heredad], 25 de enero 1996, p. 8.

20. Larson y Larson, *op. cit.*, p. 73.

21. Íbid., pp. 73-79, 109-23.

22. Patrick Glynn, God: *The Evidence: The Reconciliation of Faith and Reason in a Postsecular World* [Dios: La evidencia: La reconciliación de fe y razón en un mundo que pasó de lo secular], Prima, Rocklin, CA, 1997, p. 67.

23. Paul Walker, *Ministry Now Profiles* [Perfiles del ministerio hoy] 3, no. 7, marzo de 1999, p. 1.

24. Abreviado de Craig Brian Larson, *op. cit.*, p. 96.

25. "Researcher: Monday Funk All in the Mind [Investigador: Temor de lunes, todo en la mente]", *Chicago Tribune*, 2 de julio de 1999, Sec. 1, p. 8.

26. Gordon D. Fee, *op. cit.*, pp. 433-34.

27. Larson, *op. cit.*, p. 17.

Capítulo once: Gane la batalla interior

1. F.F. Bruce, *The Epistle to the Galatians* [La Epístola a los Gálatas], The New International Greek Testament Commentary [Comentario del Nuevo Testamento Griego Internacional], Eerdmans, Grand Rapids, 1982, p. 247.

2. Íbid.

3. Íbid., p. 248.

4. Íbid., p. 249.

5. Gordon D. Fee, *op. cit.*, p. 443.

6. Información acerca del cultivo de frutas suministrada por Yakima Valley Nursery, Inc., Yakima, Washington, Fred Nyberg, cultivador.

7. William Barclay, *op. cit.*, 2:174.

8. Michael Johnson, *Slaying the Dragon* [Mate el Dragón], Harper-Collins, San Francisco, 1996, citado en Craig Brian Larson, *Choice Contemporary Stories and Illustrations* [Selectas historias contemporáneas e ilustraciones], Baker, Grand Rapids, 1998, p. 271.

9. Fee, *op. cit.*, p. 433.

Nos agradaría recibir noticias suyas.
Por favor, envíe sus comentarios sobre este libro
a la dirección que aparece a continuación.
Muchas gracias.

Editorial Vida
7500 NW 25 Street, Suite 239
Miami, Florida 33122

Vidapub.sales@zondervan.com
http://www.editorialvida.com